金融服务实体经济丛书

金融对先进制造业全过程服务能力提升研究

任碧云　等编著

南开大学出版社
天　津

图书在版编目(CIP)数据

金融对先进制造业全过程服务能力提升研究 / 任碧云等编著. —天津 ：南开大学出版社，2019.4
(金融服务实体经济丛书)
ISBN 978-7-310-05782-5

Ⅰ. ①金… Ⅱ. ①任… Ⅲ. ①金融业－商业服务－作用－制造工业－经济发展－研究－中国 Ⅳ. ①F832 ②F426.4

中国版本图书馆 CIP 数据核字(2019)第 059371 号

南开大学出版社出版发行
出版人：刘运峰
地址：天津市南开区卫津路 94 号　　邮政编码：300071
营销部电话：(022)23508339　23500755
营销部传真：(022)23508542　　邮购部电话：(022)23502200
*
北京建宏印刷有限公司印刷
全国各地新华书店经销
*
2019 年 4 月第 1 版　　2019 年 4 月第 1 次印刷
240×170 毫米　16 开本　10.625 印张　2 插页　164 千字
定价：36.00 元

如遇图书印装质量问题，请与本社营销部联系调换，电话：(022)23507125

金融服务实体经济丛书序

近年来，在深受由美国次贷危机引致的全球性金融危机以及经济衰退的冲击后，各国痛定思痛、正本清源。其中，最为重要的当属对金融与经济的关系、虚拟经济与实体经济的关系所做的深度思考。

随着经济与金融发展阶段的变化，金融与实体经济的关系也在不断地发生演变。早期的实体经济交易需求产生了金融，那时金融的功能仅仅是支付与汇兑中介，并不能发挥助推实体经济发展的作用；随着实体经济规模的不断扩张，金融与实体经济开始走向融合。金融通过聚集实体经济的资本积累而发展成了信用的中介，并通过对这些资本的优化配置来促进实体经济发展。现代金融的各种功能创新和结构转变，以及实体经济内部的科学技术、组织形式、管理模式等领域的变革，使金融与实体经济互为对方的外部环境，也将二者发展成为相互控制与相互制约的关系。需要指出的是，金融与实体经济的关系是金融与经济关系的一个分支，与其相对应的是金融与虚拟经济的关系。虚拟经济中有很多不稳定的因素，其与金融的关系一旦过度发展，便极有可能引发金融系统内部的不稳定性和高风险性。因此，虚拟经济不能作为金融存在的基础，金融也不应为其配置过多的资源；实体经济是金融发展的物质基础，金融必须也只有依托实体经济，并推动实体经济走向“生产—积累—扩大再生产”的良性循环，才能使金融与实体经济呈现良性循环。也就是说，金融发展和创新必须服务于实体经济的需求，并以此为基础增强金融的稳定性，实体经济是金融稳定之锚。

在面对本次比过去影响范围更大、持续时间更长、形式更加复杂、程度更加激烈的全球性金融风暴的局面时，我国的金融业之所以还能够表现稳定、应对有效，关键也在于我国实体经济的基础尚好。但是，近一两年来，由于对金融与实体经济的关系出现了认识上的偏差，以及金融脱媒趋势的日益发展，导致国内某些地区出现了金融非理性发展的倾向，给宏观经济的整体运行带来了一定的潜在风险。因此，在互联网金融等新兴模式不断发展的今天，我们更加需要重新审视金融与实体经济之间的关系，正确认识金融在经济发展中的地位与作用，探讨协调我国金融与实体经济关系的路径选择。

毋庸置疑，中国经济改革开放三十多年来，金融业获得了快速的发展；各种金融创新及衍生产品的出现，对宏观经济的高速发展起到了关键性作用。同时，为了提升金融产业对实体经济的服务能力，新一届中央政府已表现出巨大的决心来推动金融改革。最近一个时期，金融改革已呈现出明显加速的迹象。从全面放开金融机构贷款利率管制，到存款保险制度日益浮出水面，再到大额可转让存单方案的探讨，利率市场化正在取得实质性突破；上海自贸区正式挂牌，将成为人民币可兑换的试验田；资产证券化和银行真实出表业务的推动，正在加速金融脱媒的进程；从资本市场到整个金融市场都在加快多层次市场体系建设，并在积极探索改变目前各类市场割裂发展的现状；金融机构业务合作与创新也在不断深化，业务边界日渐消解。可以说，利率市场化、金融体系层次化、金融创新规范化、金融与科技融合化，正在成为我国金融发展和改革的基本取向。这不仅是金融本身进一步发展和改革的需要，更是我国正处于经济结构战略性调整关键时期的必然选择。原因在于：经济平衡、协调、可持续发展，需要资金的优化配置，必须加快推进利率市场化改革，更好地发挥利率的价格信号作用；我国金融市场起步较晚、体系还不健全，许多领域还处于探索创建阶段，必须加快发展金融市场，完善多层次资本市场体系，让更多的企业进入金融市场；金融创新是推动金融改革发展的重要动力，是提高金融资源配置效率的有力杠杆，必须通过制度创新、组织创新和业务创新，将金融资源及时高效地投放到实体经济最需要、综合效益最优的领域中去，更好地促进实体经济与金融业良性互动；随着计算机、互联网、物联网、大数据、云计算等技术的进步，以互联网金融为代表的新兴金融体系将会以超过人们预料的速度颠覆传统金融服务的理念和模式，也会以超过人们预料的速度侵占传统金融服务的市场份额。

那么，我们应该如何顺应这种趋势并探索出金融进一步改革的方向和思路呢？我们又应该运用什么样的金融策略、通过什么样的路径来促进实体经济健康发展呢？这些都是需要我们深入研究和探讨的重要课题。这套“金融服务实体经济丛书”，希望能就上述问题做些探讨，并能抛砖引玉；如能对为此探索和实践的人们给予一些启示和启发，我们将深感荣幸和欣慰！

2017 年 2 月 28 日

前　言

从18世纪中叶开始，工业革命相继开展，世界强国发展史和中华民族的奋斗史都印证了“制造业是国民经济的主体，是国之根本、兴邦利器、强国之基”。随着我国政府《中国制造2025》计划的提出，我国制造业亟待转型升级，理论界和实务界也都逐渐把焦点投向金融服务实体经济的问题上来。

考察目前我国金融服务先进制造业的全过程，基本上形成了以相关政策的出台为基础、以银行等金融机构为主导、以资本市场为补充的金融服务体系和格局。在产品研发的起始阶段，由于存在高风险和极大的不确定性，需要金融机构提供有关项目筛选及风险管理的风险偏好型金融支持；在产品研发的后、中期阶段，由于企业科技成果所存在的不确定性，需要银行信贷资金的介入，并以此推动研发成果的转化；在产品价值实现的后期阶段，也是最具决定性的一个阶段，需要引进多样的金融工具并借助金融强大的推动力量，以实现产品价值的最大化。虽然我国目前的先进制造业已经在响应国家号召的道路上努力地进行变革，但我们也应该清楚地认识到：要想顺利地完成在自主创新与高技术引领下的知识要素高度密集先进、工艺水平先进、网络协同能力强、全要素生产率水平高的制造业发展模式，实现从“高消耗、高污染、低附加值”的传统制造业向“低消耗、低污染、高附加值”的现代制造业发展转型的目标，就必须重视金融服务能力和水平的提升，这是关系到我国制造业能否顺利迈入制造强国行列的关键因素。

本书以金融服务实体经济为核心，在分析我国现阶段先进制造业发展现状以及存在问题的基础上，进一步分析了金融业服务先进制造业各个环节的供给和需求状况；依照产品研发和生产、售后环节的特征，从金融规模、结构和效率三个维度建立了衡量指标体系对金融服务能力进行了量化考核和实证研究，并对两阶段数据进行了比较分析；根据研究发现的先进制造业企业发展中存在的直接投资力量薄弱、金融结构对先进制造业企业正向作用不明显的主要结论，构建了我国金融服务先进制造业全过程能力提升的整体框架；最后从先进制造业产业链的各个环节入手，以各环节目前的发展特点以及对应的金融需求为主线，探讨了金融业服务先进制造业全过程能力的提升路径及措施。

本书由天津财经大学研究生院院长、金融与保险研究中心主任任碧云教授编著。任碧云负责全书的框架设计、结构安排、内容协作、总纂修订，并最终定稿；其他参加人员均为天津财经大学经济学院的博士、硕士研究生。本书第一章由任碧云、兰婷撰写，第二章由张晋冉、王雨秋、杨晓晴、王永强撰写，第三章由刘亚君、岳莹莹、郭晓凤撰写，第四章由沈琦、王雨秋、李文祯、李松信撰写，第五章由任碧云、齐琳、李逸飞撰写。

本书是天津市教委 2016 年度社会科学重大项目的研究成果，在研究的过程中得到了天津市教委科技处的大力支持；在本书的编写过程中，国内外关于本问题研究的相关成果，给我们提供了很好的借鉴；在本书的出版过程中，南开大学出版社的编辑老师们付出了辛苦的劳动。值此成果完成并能出版之际，一并致谢。

我们相信，随着我国经济的发展、行业的不断优化及企业的改革，金融服务先进制造业的范围将会越来越广，对此问题的研究也将更加全面和深入，从而使我国金融能够更好地服务先进制造业的全过程。本书如能为对此进行探索和研究的人们带来一些启示，我们将深感荣幸和欣慰！

由于编者水平有限，疏误之处在所难免，敬请各界同仁批评指正。

编　者

2018 年 10 月 30 日

目　　录

第一章　导　论

目前，中国经济转型发展面临的最大问题就是产业结构的转型升级，而在产业结构转型升级的过程中，先进制造业的进一步发展对我国产业结构转型升级具有十分重要的作用。金融业的发展能不断适应先进制造业发展的需求，为其生产、研发和售后等阶段提供支持。本章内容是全书的统领，主要介绍了研究背景、目的及意义，并概括了本书的主要内容及章节结构。在此基础上，本章进一步确立了全书的研究思路和研究方法，并指明创新之处。

第一节　研究背景、目的及意义

在新一轮科技革命与我国经济结构转型升级相交汇的历史性背景下，培育和发展先进制造业既是我国的重大战略决策，也是实现经济平稳增长的重要支撑。目前我国制造业的发展正处于关键时期，要想实现“中国制造 2025”，必须得到金融业的大力支持，提高我国先进制造业的金融服务能力。

一、研究背景

制造业是国民经济的主体，是国之根本、兴邦利器、强国之基。自从 18 世纪中叶工业文明开启以来，无论是世界强国的发展史还是中华民族的奋斗史都向我们证明，只有强大的制造业，才能造就国家和民族的强盛。因此，大力发展制造业，使其具备国际竞争力，是提升我国综合国力、保障国家安全、把我国建设成为世界强国的必由之路。在此背景下，我国政府为先进制造业的持续发展做出了政策支持。

2015 年 5 月，我国政府工作报告首次提出了《中国制造 2025》的实施计划，旨在加强我国先进制造业的发展，推动我国制造业转型升级。《中国制造 2025》是我国实施制造强国战略第一个十年阶段的行动纲领。它是一个着眼于国际国内整体的经济社会发展、产业变革大趋势的长期战略性规划，其目标不仅为推动传统制造业的转型升级和健康稳定发展，还要在应对新技术革命的同时，实现高端制造业的跨越式发展。《中国制造 2025》明确提出要形成经济增长新动力，塑造国际竞争新优势，重点在制造业，难点在制造业，出路也在制造业。因此，强化制造业应成为中国未来宏观政策和产业政策的重点。《中国制造 2025》的基本方针是创新驱动、质量为先、绿色发展、结构优化、人才为本。这要求我国先进制造业应着力掌握关键核心技术，完善产业链条，提升自主发展能力；坚持把质量作为建设制造强国的生命线，加强质量建设，培育自主品牌，营造诚信经营的市场环境；坚持可持续发展，全面推行清洁生产，发展循环经济；将结构调整作为建设制造强国的关键环节，大力发展先进制造业；培育人才，使人才成为先进制造业发展的中坚力量。长期以来，政府职能存在“越位”和“缺位”的问题，针对这些问题，《中国制造 2025》提出要营造公平竞争的市场环境。《中国制造 2025》的出台，无疑将对中国经济产生重大影响，将引领中国从工业大国到工业强国的跨越与蜕变。值此新一轮工业革命到来之际，发展中国家或许不会一步一步沿袭发达国家工业转型升级的进化路线，而应借助新一轮工业革命的历史性机遇，实现跨越式发展。《中国制造 2025》是将科技与制造业紧密结合的典范，极有可能使中国成为继英国、德国、美国、日本之后的“第五个”世界制造中心，这不仅是中国经济实体化并实现可持续发展的重要保证，也是 21 世纪世界经济再崛起的关键。

2016 年 5 月，我国发布了《关于深化制造业与互联网融合发展的指导意见》，旨在推动“互联网+工业”的发展，加快建设制造强国的进程。这项文件的主要任务是打造制造企业互联网“双创”平台；推动互联网企业构建制造业“双创”服务体系；支持制造企业与互联网企业跨界融合；培育制造业与互联网融合新模式；强化融合发展基础支撑；提升融合发展系统解决方案能力；提高工业信息系统安全水平。制造业普遍被人们认为是生产各种零部件的集合，然而随着先进制造业的发展，相对于“物理”意义，应更重视其带有“信息”功能的附加价值。微笑曲线是宏碁集团创办人施振荣于 1992 年提出的著名商业理论，微笑曲线将一条产业链分为若干个区间，即产品研发、零部件生产、模块零部件生产、组装、销售、售后服务等，在国际产业分工体系中，发达国家的企业往往占据着研发、售后服务等产业链的高端位置，发展中国家的厂商则被挤压在低利润区的生产与制造环节。从全球产业链来看，“中国制造”大多处于“微笑曲线”中间区域的生产与制造环节，厂商往往投入大量的劳动力，却获取了极少的利润。以往的思路认为，要想摆脱传统制造业的低附加值困境，就必须向“微笑曲线”的研发和服务两端延伸，通过高新技术实现产业升级和发展制造型服务业。但是，在“互联网+工业”时代，制造业传统意义上的价值创造和分配模式正在发生转变，借助互联网平台，企业、客户及利益相关方正纷纷参与到价值创造、价值传递及价值实现等生产制造的各个环节中来，从而形成新的价值创造与共享模式，开创全新的共享经济。

2017 年 3 月，我国发布了《关于金融支持制造强国建设的指导意见》，该意见提出，我国要高度重视和持续改进对“中国制造 2025”的金融支持和服务，始终坚持问题导向，聚焦制造业发展的难点痛点，着力加强对制造业科技创新、转型升级的金融支持。第一，要紧紧围绕“中国制造 2025”重点领域和关键任务，改进和完善制造业的金融服务，促进制造业结构调整、转型升级、提质增效。第二，要积极发展和完善支持制造强国建设的多元化金融组织体系，充分发挥各类银行机构的差异化优势，形成金融服务协同效应。通过设立先进制造业融资事业部、科技金融专营机构等，提升金融服务专业化、精细化水平。规范发展制造业企业集团财务公司，稳步推进企业集团财务公司开展延伸产业链金融服务试点工作。加快制造业领域融资租赁业务发展，支持制造业企业设备更新改造和产品销售。第三，要创新发展符合制造业特点的信贷管理体制和金融产品体系。合理考量制造业企业技术、人才、市场前景等“软信息”，运用信用贷款、知识产权质押贷款等方式，积极满足创新型制造业企业的资金需求。大力发展产业链金融产品和服务，有效满足产业链上下游企业的融资需求。稳妥有序推进投贷联动业务试点，为科创型制造业企业提供有效资金支持。完善兼并重组融资服务，支持企业通过兼并重组实现行业整合。切实选优助强，有效防控风险。第四，要大力发展多层次资本市场，加强对制造业转型升级的资金支持。加快推进高技术制造业企业、先进制造业企业上市或挂牌融资，设计开发符合先进制造业和战略性新兴产业特点的创新债券品种，支持制造业领域信贷资产证券化。发挥保险市场作用，积极开发促进制造业发展的保险产品，扩大保险资金对制造业领域的投资。同时，加强政策协调和组织保障，完善产业和金融部门的工作联动机制，加强沟通协调和双向信息共享。探索完善多样化的信用风险分担机制，支持金融机构加大对制造业领域的信贷投入。

在以上政策的支持下，我国也逐渐意识到制造业转型升级对本国发展的重大意义。伴随着工业化、城市化、市场化及全球化进程的不断加快，经济发展水平不断提高，大量引进的外资和技术与中国资源和要素的低成本优势相结合，工业特别是制造业发展迅速，中国已经成为世界“制造工厂”，价廉物美的“中国制造”整体形象已经在世界范围内建立起来。改革开放以来，制造业充分利用中国的比较优势快速发展，促进了整个工业化进程的加快，创造了巨大的社会财富，吸纳了大量的农村剩余劳动力就业，对中国的经济崛起产生了巨大影响。但是长期以来，中国制造业粗放发展的格局也造成了制造业当前的发展困境，如长期过于追求国内生产总值（GDP）的发展方式致使产能严重过剩、在世界制造业产业链上处于中低端位置、高耗能、高污染、存在严重结构性矛盾等。

由以上分析可以看出，中国制造业面临人力成本上升、产能过剩、产品附加值低、高端技术缺乏、资金投入不足、品牌缺乏竞争力等问题，要发展先进制造业，必须得到金融的大力支持，而且必须是全过程的金融安排、设计和支持。金融对先进制造业的支持主要体现在以下三个方面：一是制造业转型升级需要金融支持。虽然高新技术制造业发展迅速，但我国仍处于全球产业价值链的底端，具有比较优势的生产制造业仍为劳动密集型产业。与一些发达国家相比，我国制造业的竞争优势尚不显著。“中国制造 2025”规划提出，加快创新驱动，全面提升中国制造业发展质量和水平。在新形式、新要求下，我国制造业的发展在面临巨大机遇的同时，也面临着巨大挑战。发展我国制造业，特别是先进制造业，势必需要大量的资金投入。因此，在大力发展制造业，实现制造业转型升级的关键时期，必须要加强对制造业，尤其是先进制造业的金融支持，使金融业更好地服务于先进制造业的发展。二是先进制造业产业链需要金融支持。制造业的生产过程整体上可以分为产品设计、原料采购、生产制造、仓储运输、订单处理、批发经营、终端零售七个方面。我国传统的制造业多数只占据了“生产制造”这一利润极低的环节。其中，初始的“产品设计”是产业链中附加值最高的一环，尤其是先进制造业，对产品的设计和研发有着更高的技术要求。作为产业链的第一环，“产品设计”需要大量的前期资金投入，且投资回报期长，因此需要金融体系提供相应的资金支持，此时金融产品的服务主要体现在解决融资需求方面。在后续的“原料采购”中，企业可能面临着原材料价格波动带来的商品风险，此时期货等金融工具可以充分发挥其套期保值作用，合理规避风险。“仓储运输”过程中保险的参与，能够转移自然灾害或意外事件发生的风险。“批发与零售”环节则可以充分利用金融体系的支付结算功能，最大限度提高效率。三是金融业可以与先进制造业协调发展。作为国民经济的支柱产业的制造业，尤其是先进制造业，需要金融业提供充足的资金支持。与此同时，制造业也为金融业的发展提供生产要素，并消耗金融产品与服务。金融业与制造业并不是此消彼长的关系，而是相互促进、共同发展的关系。这种情况在金融业与先进制造业之间表现得更为明显。由于先进制造业具有智能化、信息化的特征，与普通制造业相比，其发展需要更多的资金投入，也需要多样化的金融产品和服务。先进制造业大量的产品和服务需求，促使金融行业不断进行创新，从而推动了金融行业的发展。金融行业通过金融产品和服务，为先进制造业的发展提供资金支持，其自身也得到了发展。这种金融业与先进制造业相互促进、协调发展的良性循环，对国民经济的持续发展起到了良好的推动作用。

二、研究目的

金融作为现代经济的核心，能实现跨时间、跨空间的价值交换，从而有效提升资源配置效率，扩大资源配置范围，助力制造业的转型升级。然而，近年来，金融业呈现“脱实向虚”的发展趋势，对实体经济支持有限。当前，我国经济发展进入新常态，前期粗放式发展模式已不可持续，经济发展结构亟待优化升级。在制造业方面，大量制造业企业进入发展瓶颈期，结构调整势在必行，而调整的方向就是发展先进制造业，由此，“中国制造 2025”顺势推出。我国推行“中国制造 2025”规划，力图通过转变经济发展方式，发展先进制造业，来应对即将到来的科技革命冲击。基于此，本书试图通过研究达到以下目的：

一是确立金融与先进制造业二者的关系。金融与实体经济之间的关系一直是学术界关注的热点问题，在不同的国家、不同的时代，金融与实体经济之间的关系也一直在变化。近年来，无论是政府高层，抑或是学术界都强调要确立金融服务实体经济的关系，也提出应当进一步提高金融服务实体经济的效率。因此，本书从金融服务先进制造业角度入手，逐步剖析金融与先进制造业二者的关系。在理论上，从功能金融理论与制造业升级理论相结合的角度，阐述金融与先进制造业之间的关系，研究金融如何为先进制造业提供全过程服务；在实践上，从我国制造业发展历史与现状出发，论证我国金融为先进制造业提供全过程服务的具体内容，并就如何增强我国金融业为先进制造业提供全过程服务能力提出合理化的路径与策略。

二是阐述如何在特殊且复杂的条件下，合理提升金融为先进制造业提供全过程服务的能力。从宏观层面来看，当前我国经济改革与转型到了关键时期；从中观层面来看，我国制造业发展遇到了由低附加值的传统制造业向高附加值的先进制造业转型的瓶颈。因此，本书力图从理论上对提升金融业为先进制造业提供全过程服务的能力进行指导，以加强先进制造业金融服务体系建设，使金融业更好地促进先进制造业的发展。

具体来讲，本书要解决以下 6 个问题：金融服务先进制造业全过程能力的理论基础是什么；我国金融服务先进制造业全过程的现状有哪些；金融服务先进制造业全过程能力指标的选取及实证分析；国内外金融服务先进制造业的启示以及值得我们借鉴的经验有哪些；提升金融为先进制造业提供全过程服务能力的路径选择；提升金融为先进制造业提供全过程服务能力的策略安排。

三、研究意义

在“工业经济”逐渐转向“服务经济”的大背景下，金融业作为服务业的重要组成部分，其在整个国民经济中的增加值和所占比重越来越高，并且对整个经济发展的驱动作用也越来越明显。理论界和实务界的关注焦点已经转向了金融服务实体经济的问题。制造业和金融业互相促进、相互影响、共同发展，只有将两者充分地结合起来，才能为经济发展服务，因此，对它们的关系进行理论阐述和实证分析是十分有必要的。我国在经济转型过程中面临的最重要的问题就是产业结构转型升级，发展先进制造业对于我国成功实现产业结构转型升级尤为重要。然而，只有金融有效地支持先进制造业的发展，才能够进一步推动我国制造业升级。本书的研究意义主要体现在以下两个方面。

（一）理论意义

目前，中国的金融结构依然是以银行为主导，金融市场对中国融资渠道仅起到补充作用，金融服务与制造业结构相互影响、相互作用，共同推动经济增长。金融服务与制造业结构升级互动关系的影响路径，即金融服务能力的提升将导致金融资源的重新配置，促进资本在产业之间的流动，以推动产业间的技术创新，进而导致制造业结构升级。在制造业结构升级过程中，制造业中各产业由于资金需求结构的变化引起了金融服务演变，金融服务需不断适应制造业结构变化，让资金在各产业中得到合理配置。因此，分析得出制造业结构升级与金融服务优化之间存在的互动关系，为我国制造业升级与金融服务能力提升提供了理论支持。本书力图将功能金融理论与制造业升级的理论相结合，研究如何提高金融为先进制造业提供全过程服务能力的问题。我们希望本书的研究成果能够对功能金融理论与制造业升级理论的学科交融以及金融服务实体经济的理论研究有一定贡献，以体现本书的学术价值。

（二）实践意义

2015年3月5日，李克强在全国两会上做《政府工作报告》时首次提出“中国制造2025”的宏大计划。“中国制造2025”是在新的国际国内环境下，中国政府立足于国际产业变革大势，做出的全面提升中国制造业发展质量和水平的重大战略部署。其根本目标在于改变中国制造业“大而不强”的局面，通过10年的努力，使中国迈入制造强国行列，为到2045年将中国建成具有全球引领和影响力的制造强国奠定坚实基础。先进制造业的进一步发展，势必需要现代经济的核心——金融为其提供完整的全过程服务。全过程服务，顾名思义，金融对先进制造业的支持不应仅停留在融资这一单独阶段，更要参与到先进制造业生产过程中的每一个环节，从而能更有力地促进我国先进制造业的发展，为实现“中国制造2025”起到推动作用，这就决定了本书具有一定的研究价值。

就目前而言，在金融为先进制造业提供全过程服务能力方面，国内学术界的关注点主要集中在金融对于纺织、医药制造、电子通信制造等制造业领域的服务情况，仍然集中在研究企业投融资对制造业生产阶段的影响方面。本书着力探求提升金融为制造业提供全过程服务能力的研究，不仅仅局限于生产阶段，还包括研发以及售后支持阶段等，并选取相应的指标进行分阶段回归测度，从而促进金融部门与先进制造业领域的紧密结合与良性互动，进而推动我国先进制造业的进一步发展。因此，关于提升我国金融为先进制造业提供全过程服务能力的研究具有一定的现实意义。

此外，在经济发展的新常态和新形势下，要进一步厘清金融服务先进制造业全过程的作用机制和发展现状，通过深化市场化改革、推进供给侧的结构性调整来不断克服各种艰难险阻，推动并实现二者的互动融合发展。鉴于中国经济发展所处的阶段及大国经济特征，我们清楚地认识到工业依然是创造物质财富和促进经济增长的重要力量，但制造业发展质量和运作效率的提升更加需要融入更多的金融服务，只有这样才能逐渐缓解先进制造业发展过程中的创新力不足、资金短缺等问题。因此，金融服务能力的提升将成为我国先进制造业转型发展的牵引机和推进器。金融对先进制造业的支持，还将有助于我国制造业产业进入研发设计、品牌、市场营销等高端环节，实现从“制造大国”向“制造强国”的转变，为中国经济进一步发展提供强大动力支撑，使经济转型发展成为现实。

国外工业化发展的经验和教训从两个方面体现了处理好和协调好制造业与金融业之间关系的重要性，不少国外学者从理论和实证的角度分析了这一关系，国内学者也从理论和实证等方面对二者之间的关系做了相关研究和拓展，但是由于制造业发展形势和现实环境已经发生很多变化，而金融业本身又包含金融规模、金融结构和金融效率等多个方面，所以整体来看在这方面的系统研究还需要进一步深入。本书在借鉴国际经验的基础上，结合中国基本国情和经济发展的阶段性特征来分析先进制造业全过程发展的重要性、紧迫性以及艰巨性，认识到金融业发展对有序推进先进制造业转型和国民经济健康平稳发展的重要现实意义。本书在梳理中国先进制造业的发展现状以及发展道路上面临的诸多困难的基础上，进一步剖析和探讨了有助于实现和推进金融业与先进制造业互动融合的内在机制和实现机制，并在经验分析的基础上提出提升我国金融服务先进制造业全过程能力的路径选择和策略安排，以积极推动金融业与先进制造业互动和融合发展。

第二节　研究内容、方法及思路

本节主要阐述了本书的研究内容、方法及思路，试图厘清全书的研究框架和结构，并简要介绍各章节的主要内容。

一、研究内容

本书共分为五大部分，包括导论、金融服务先进制造业全过程的理论基础和作用机制、金融服务先进制造业全过程的现状分析、金融服务先进制造业全过程能力的指标选取及实证分析、我国金融服务先进制造业全过程能力提升的整体框架。

第一章首先介绍了本书的选题背景和研究意义，而后阐述了全书的结构内容、研究思路和研究方法，最后分析了本书的创新之处。导论为全书确立了研究框架，指明了研究方向与目标。

第二章介绍了金融服务先进制造业全过程能力的理论依据，共分为三个部分。首先从先进制造业的概念界定入手，总结了先进制造业的特征，阐述了金融服务能力的内涵。其次，选取了功能金融理论、制造业升级理论和金融深化理论，力图通过学科交融体现金融与先进制造业的关系。最后，分析了金融服务先进制造业全过程的作用机制。本章通过对国内外经典理论的回顾，进一步确定了研究方向。

第三章从考察我国先进制造业的现状入手，分析我国我先进制造业企业发展过程中的金融需求与供给的匹配状况，进而指出我国先进制造业发展过程中存在着金融规模有限、金融结构不合理、金融服务效率低等问题。最后，针对以上问题产生的原因进行分析。

第四章从金融规模、金融结构和金融效率三个维度对金融服务先进制造业全过程能力进行分解，并从这三个维度出发，选取金融服务能力的评估指标，进而将先进制造业划分为上游和下游两个阶段，即市场分析和新产品开发阶段

（价值形成）、投入生产和产品销售阶段（价值实现），选取先进制造业全过程阶段指标。最后，根据以上选取的指标，运用中国先进制造业2006—2016年时间序列数据进行分阶段多元线性回归，得出实证结论。

第五章阐述了我国金融服务先进制造业全过程能力提升的整体框架，分别从目标模式、路径选择和对策建议三个方面出发，分析如何提升金融服务先进制造业全过程能力。首先，分析美国和德国金融服务先进制造业全过程的模式，并探究国外模式对我国的适用性，找出提升我国金融服务先进制造业全过程能力的模式。其次，从金融体系和政府两方面入手，结合先进制造业全过程的金融需求，探讨有效提升我国金融服务先进制造业全过程能力的路径。最后，从加强政策支持、构建多层次金融体系、深化金融产品创新、发挥金融市场功能四个角度出发，提出我国金融服务先进制造业全过程能力提升的策略安排。

二、研究方法

本书研究的核心问题是金融服务先进制造业全过程能力的提升，在研究这个问题的过程中，又将其细化为金融服务先进制造业全过程能力的理论基础、选取金融服务先进制造业全过程能力的指标及其实证分析、如何提升我国金融服务先进制造业全过程的能力等三个问题，在研究不同问题的过程中运用了不同的研究方法。

研究金融服务先进制造业全过程能力的理论基础时，本书运用了文献研究法与经验分析法这两种研究方法。一方面，通过文献研究法，搜集国内外有关金融支持先进制造业的相关文献，进而归纳本书的理论基础；另一方面，通过经验分析法对现实的金融服务先进制造业的作用机制进行分析，探讨先进制造业全过程中的金融需求，梳理各金融机构可以提供的金融服务，厘清二者之间的需求和供给关系。

研究选取金融服务先进制造业全过程能力的投标这一问题时，本书运用了实证分析法。在研究的过程中，分别选取了金融服务能力评估和先进制造业全过程阶段的相关指标，并运用R&D（研究与试验发展）经费支出、主营业务收入、社会融资规模、直接融资与间接融资之比、先进制造业利息支出与总负债之比等指标进行多元线性回归分析。

研究如何提升我国金融服务先进制造业全过程的能力这一问题时，本书运用了定量分析法与定性分析法相结合的研究方法。本书在定量分析如何提升我国金融服务先进制造业全过程能力后，得出了以下三个结论：一是在先进制造业的研发生产阶段，金融规模和金融效率的提升对先进制造业发展的促进作用显著，而金融结构存在负向作用；二是在先进制造业的产销阶段，金融规模和金融效率的稳步提升对先进制造业的整体发展具有促进作用，金融结构的变动对先进制造业产销阶段具有阻碍作用；三是就两大发展阶段而言，与研发生产阶段相比，金融服务相关指标对制造业产销阶段的影响略小。本书以此为基础，结合定性分析，从目标模式、路径选择和对策建议三个角度提出了提升我国金融服务先进制造业全过程能力的整体框架。

三、研究思路

首先，在理论上，从功能金融理论与制造业升级理论相结合的角度，阐述了金融与先进制造业的关系，明确界定先进制造业与金融服务能力并分析各阶段的金融需求特征，研究金融如何为先进制造业提供全过程服务；在实践上，从我国制造业发展历史与现状出发，论证我国金融为先进制造业提供全过程服务的具体内容。其次，从金融规模、金融结构和金融效率三个维度对先进制造业全过程发展金融服务能力进行分解，将先进制造业划分为两个阶段并选取指标。在此基础上，运用 Eviews 7.0 对先进制造业发展过程的两阶段分别进行回归分析。最后，本书根据现状分析中提出的我国金融服务先进制造业全过程能力出现的问题及实证结果，就如何增强我国金融对先进制造业全过程服务能力提出合理化的目标模式、路径选择与对策建议，以探索出适合我国先进制造业发展的金融服务模式。

本书整体逻辑框架如图 1-1 所示。

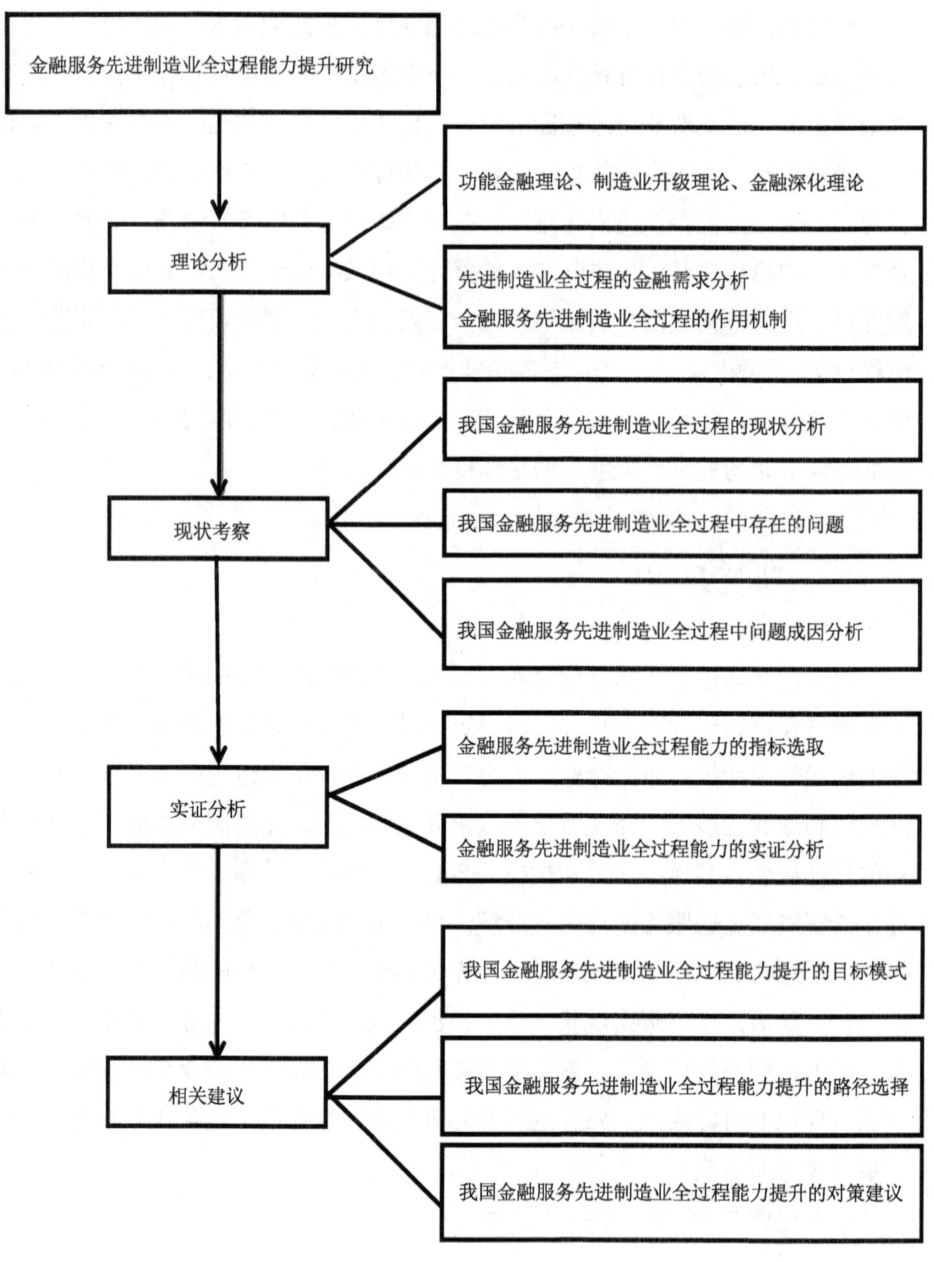
金融服务先进制造业全过程能力提升研究
理论分析
功能金融理论、制造业升级理论、金融深化理论
先进制造业全过程的金融需求分析
金融服务先进制造业全过程的作用机制
现状考察
我国金融服务先进制造业全过程的现状分析
我国金融服务先进制造业全过程中存在的问题
我国金融服务先进制造业全过程中问题成因分析
实证分析
金融服务先进制造业全过程能力的指标选取
金融服务先进制造业全过程能力的实证分析
相关建议
我国金融服务先进制造业全过程能力提升的目标模式
我国金融服务先进制造业全过程能力提升的路径选择
我国金融服务先进制造业全过程能力提升的对策建议

图 1–1　逻辑框架图

第三节　研究的创新之处

本书的重点在于确立金融与先进制造业的关系，合理地增强金融服务先进制造业全过程的能力。因此，本书从金融服务先进制造业角度入手，逐步剖析金融与先进制造业二者的关系，力图在理论上对提升金融服务先进制造业全过程的能力进行实践指导。本书在研究的过程中，产生以下两点创新：

一是确立金融服务先进制造业全过程的关系定位。已有的关于金融方面的研究，大部分局限于单独研究金融创新，而脱离了实体经济。随着金融业和制造业的发展，金融业更加注重于服务实体经济，制造业为追求高质量发展，需大力发展先进制造业来促进制造业转型升级，这已成为国家关注的重点，这就要求金融业具备服务先进制造业的全过程的能力。本书在研究过程中，将实体经济作为核心环节，使金融通过服务实体经济发挥作用，较为全面地剖析了金融服务先进制造业全过程能力的理论依据和作用机制，更加注重对金融的功能作用的研究。

二是从金融与先进制造业二者之间的关系入手，确立如何提升金融服务先进制造业全过程的能力。在已有的关于金融服务先进制造业的研究中，大部分局限于金融在融资方面对先进制造业的支持。然而，制造业，尤其是先进制造业的发展，迫切需要金融业提供的各种配套的产品和服务，以满足其相应的融资、生产需求。一方面，制造业转型升级需要金融业提供资金支持；另一方面，在先进制造业产业链的各个环节均需要金融的参与。因此，本书将先进制造业划分为市场分析阶段、新产品开发阶段、投入生产阶段和产品销售阶段，从各个阶段入手分别研究金融对先进制造业的服务能力，具有更强的覆盖性。

第二章　研究先进制造业全过程金融服务能力的理论基础

在先进制造业发展过程中，金融服务扮演着重要的角色，然而金融机构提供金融服务的能力能否支持制造业升级需要我们进行深入研究。因此，为保证后续研究有明确的依据，本章界定了先进制造业全过程和金融服务能力，梳理了相关基本理论，分析了金融服务先进制造业的作用机制，为进一步研究奠定了坚实的理论基础。

第一节　先进制造业和金融服务能力的界定

本节详细介绍了先进制造业和金融服务能力的相关内容，包括先进制造业的概念、内涵和特征，先进制造业阶段性过程，以及先进制造业阶段性过程的金融需求；在界定金融服务能力的内容中，结合金融服务提出金融服务能力的概念；最后介绍了提供金融服务的主体——金融机构。

一、先进制造业的界定

制造业是指将制造资源（物料、能源、设备、工具、资金、技术、信息和人力等）按照市场要求，通过制造过程，转化为可供人们使用和利用的大型工具、工业品与生活消费产品的行业。根据我国行业分类标准划分可知，制造业共包含 31 类行业。本书选取资源密集度产业分类法，根据中华人民共和国国家标准《国民经济行业分类》，将这 31 类行业分为三大类：劳动密集型、资本密集型、技术密集型（见表 2-1）。

表 2-1 制造业行业类型

制造业	劳动密集型	（1）农副食品加工业，指直接以农、林、牧、渔业产品为原料进行的谷物磨制、饲料加工、植物油和制糖加工、屠宰及肉类加工、水产品加工，以及蔬菜、水果和坚果等食品的加工活动；（2）食品制造业，指粮食及饲料加工业、植物油加工业、制糖业、屠宰及肉类蛋类加工业、水产品加工业、食用盐加工业和其他食品加工业；（3）酒、饮料和精制茶制造业；（4）烟草制品业；（5）纺织业；（6）纺织服装、服饰业；（7）皮革、毛皮、羽毛及其制品和制鞋业；（8）木材加工和木、竹、藤、棕、草制品业；（9）家具制造业；（10）造纸和纸制品业；（11）印刷和记录媒介复制业；（12）文教、工美、体育和娱乐用品制造业
	资本密集型	（13）石油加工、炼焦和核燃料加工业；（14）化学原料和化学制品制造业；（15）化学纤维制造业；（16）橡胶和塑料制品业；（17）非金属矿物制品业；（18）黑色金属冶炼和压延加工业；（19）有色金属冶炼和压延加工业；（20）金属制品业
	技术密集型	（21）现代医药制造业，指原料经物理变化或化学变化后成为新的医药类产品，通常包含中西药制造、兽用药品，还包含医药原药及卫生材料医药用品制造；（22）通用设备制造业，指使用于 1 个以上行业的设备制造；（23）专用设备制造业；（24）汽车制造业；（25）铁路、船舶、航空航天和其他交通运输设备制造业；（26）电气机械和器材制造业；（27）计算机、通信和其他电子设备制造业；（28）仪器仪表制造业；（29）其他制造业；（30）废弃资源综合利用业；（31）金属制品、机械和设备修理业

资料来源：中华人民共和国国家标准《国民经济行业分类》。

随着科学技术进步和社会需求个性化、多样化的发展，传统制造技术和制造模式已无法应对当前制造环境的严峻挑战，先进制造业应运而生。对先进制造业加以界定、理解先进制造业的内涵变得尤为重要，因为只有掌握了根本内涵和发展特征，才能更好地发展先进制造业。

（一）先进制造业的概念及内涵

1. 概念

如果说制造业是国民经济的根本，那么先进制造业则是引领制造业不断前进的强大动力。没有强大的与高科技相融合的先进制造业，就不可能有独立自主的现代工业。近十余年来，在美国的引领下，世界主要工业国纷纷制订各种发展计划，促进传统制造业向先进制造业（Advanced Manufacturing Industry，AMI）转变。加快发展先进制造业，已经成为世界制造业发展的新潮流。

对于先进制造业概念的解释主要有以下三种：①先进制造业主要指采用先进制造技术为主要生产手段的制造业。先进制造业最主要的特点是技术革新快，以适应市场需求的多样化；②先进制造业是指能够不断吸收高新技术成果，并将先进制造技术和管理方式综合应用于研究、设计、制造、检测和服务等全过程的制造业。它不仅包括高新技术产业，也涵盖运用高新技术和先进适用技术改造的传统产业；③先进制造业指不断吸收电子信息、计算机、机械、材料以及现代管理技术等方面的高新技术成果，并将这些先进制造技术综合应用于制造业产品的研发设计、生产制造、在线检测、营销、服务和管理的全过程，实现优质、高效、低耗、清洁、灵活生产，即实现信息化、自动化、智能化、柔性化、生态化生产，取得较好的经济、社会和市场效果的制造业的总称。

在整合大量研究的基础上，本书将先进制造业的概念界定为：在自主创新与高技术引领下，知识要素高度密集、工艺水平先进、网络协同能力强、全要素生产率水平高的制造业发展模式，实现了从“一低两高”（低附加值、高消耗、高污染）型的传统制造业向“一高两低”（高附加值、低消耗、低污染）型的现代制造业发展转型的目标。

目前，我国先进制造业大致由两部分构成，一部分是传统制造业吸纳、融入先进制造技术和其他高新技术，尤其是信息技术，提升为先进制造业，如数控机床、海洋工程先进、航天先进、航空先进等；另一部分是新兴技术成果产业化后形成的新产业，其具有基础性和引领性，如增量制造、生物制造、微纳制造等。

2. 内涵

先进制造业的“先进”可以从技术、生产模式和网络组织三方面来理解。

首先，先进制造业表现为技术的先进性，体现为一个能够不断进行技术创新的先进技术体系，既能不断吸收当代高新技术成果来进行自主技术开发，又善于将先进技术应用于从研发、制造到营销、维修服务的全过程。先进技术是企业生产和发展的基础，对制造业的发展起决定性作用。正是在先进技术的基础上，先进制造业才能够实现信息化、自动化、智能化、柔性化和生态化生产。

其次，先进制造业表现为生产模式的先进性，体现为一种能够适应市场变化、不断优化企业内部资源配置并能兼顾生态环境和社会利益的高效生产体系。例如，一种新型的设计-制造-服务（Design-Make-Serve，DMS）的生产模式。先进的生产模式决定着企业具体配置各种生产要素的方式和效率，体现着企业与市场之间密切的良性互动关系，也反映着企业与生态和社会环境的和谐相处。正是在生产模式这一点上，先进制造业与传统制造业迥然有别。

最后，先进制造业表现为制造网络组织的先进性，体现为一种以产业链为主干、网络化为依托的市场组织。先进制造业是以现代生产性服务业和发达的市场网络为支撑的。先进制造业内部各产业部门、各企业之间，在投入产出方面存在着密切的联系，需要通过价值链上的整合与协同，形成供应链联盟和产业网络，从而形成高效率的市场系统，如全球制造网络作为一种组织创新，正是通过整合全球分布的供应商、销售商和客户，实现了价值链的整合与协同，这是一种先进的制造网络组织形式。

因此，贯彻实施先进制造业发展战略，引领制造业的追赶跨越和产业结构的转型升级，是破解传统制造业“低附加值、高消耗、高污染”发展轨迹的路径桎梏，扭转我国制造业在既定国际分工格局中的不利地位，克服制造业总体自主创新能力薄弱、全要素生产率不高、资源环境瓶颈加剧和产业结构性矛盾激化的必然战略选择。

（二）先进制造业的特征

1. 全球化

先进制造业的全球化是指能在全球制造系统中有效获取整合高端制造要素，统筹优化全球高绩效制造活动。随着信息技术和跨国公司的兴起，世界进入全球化制造时代。当前，企业自研、自供、自产、自销的传统一体化经营模式已被打破，专注于组织核心竞争力的提高成为世界制造业的变革趋势。随着社会分工的细化，零部件的集中生产、工艺的专业化生产以及非核心业务生产和服务外包已经成为趋势，制造网络的开放演化是当今制造业的主要变革方向，全球制造网络已逐渐形成。全球制造网络是一种重要的组织创新，它的出现使得跨国公司能够更好地处理自身的专业化和与东道国企业相互合作之间的冲突。区域制造企业必须要参与到全球制造网络以获取先进的生产技术和管理模式之中，并充分利用全球制造网络进行资源优化配置，以发挥核心竞争力。

2. 网络化

先进制造业的网络化是指能适应垂直一体化制造分工体系裂解的变革，以区域集群网络、集群间协同网络、全球制造网络等组织网络化形式实现跨区域和跨组织边界的制造网络协同。网络化在以信息高速网络为主体的基础设施的支持下，实现贯穿订单启动、经营组织组建、产品研发、设计、制造加工、销售、售后服务等全生命周期的网络化制造。网络化改变了产业结构，使纵向一体化的结构垂直裂解，取而代之的是契约分包的合作方式。越来越多的制造企业不断将大量非核心业务外包出去，自己只保留关键系统的设计和系统集成、总装配、市场销售等最核心的业务。

3. 信息化

先进制造业的信息化是指能依托信息化实现高度敏捷、高效协同的分布式智能化制造和先进适用技术有效集成。每一次信息技术的发展都改变着制造的方式，如敏捷制造、计算机集成制造（Computer Integrated Manufacturing System，CIMS）、产品生命周期（Product Life Cycle，PLM）、并行工程等技术已经彻底融入制造的全过程。信息化使得制造趋向多品种、小批量、更新快、个性化等特征。利用信息化实现先进智能化制造技术是以提高制造企业对市场的快速反应和敏捷竞争力为目的，以人为主体，综合运用信息、加工、材料、能源、物流、环保等高新技术和现代系统管理技术，并将其综合应用于产品研发、设计、制造、检测、营销和售后服务的全过程，实现优质、高效、低耗、清洁和灵活生产，并取得理想技术经济效果的制造技术总称。

4. 绿色化

先进制造业的绿色化是指能在制造业全周期循环中实现制造资源最大限度的“减量化、再循环、再利用”，推广实施合同能源管理等先进绿色制造模式。日趋严格的环境和资源约束，使实现绿色化成为先进制造业必须严格遵守的一条基本原则。先进制造业所提供的产品必须具有全生命周期无污染、资源低耗以及可回收、可重用等特征，其生产过程也应实现无污染低耗、安全和宜人化。绿色制造是指综合考虑环境影响和资源消耗的现代制造模式，其目标是使得产品从设计、制造、包装、运输、使用到报废处理的整个生命周期中对环境负面影响最小，资源利用率最高，并使企业经济效益和社会效益协调优化。绿色化制造是闭环系统，即在产品整个生命周期内，以系统集成的观点考虑产品环境属性，改变了原来末端处理的环境保护办法，从源头抓环境保护，并考虑产品的基本属性，在满足环境要求的同时保证产品应有的基本性能、使用寿命、质量等。

5. 知识化

先进制造业的知识化是指在知识经济背景下，将知识作为核心生产要素，增加设计、生产、销售各个环节的知识含量，以提高产品附加值的制造战略。随着知识经济时代的到来，制造业知识化的趋势越发明显。知识经济是一种特别强调科学技术知识和人才在经济增长中的巨大作用的经济形式，它很好地把科学、技术和经济紧密地联系起来。制造业“知识化”的本质含义就是将知识要素作为驱动先进制造发展的核心要素，即将智力资源的占有、投入和配置，知识产品的生产（产生）、分配（传播）和消费（使用）作为先进制造业的重要发展驱动因素。知识作为一种重要的生产要素，在制造业产品附加值中所占的比重越来越大，成为推动产业结构转型升级的关键因素。

（三）先进制造业全过程的阶段性分析

分析先进制造业全过程中所涉及的金融服务，详细划分阶段、明确阶段工作内容是必要条件。类似于传统制造业，先进制造业全过程包括市场分析、产品开发、技术准备（包括产品设计、产品工艺编制、设计和制造工艺先进等）、产品生产（即产品的加工与装配）、产品的生产组织与计划管理（包括物流控制及仓储）、产品的质量保证、产品的包装和发送等全部活动及其过程。

1. 市场分析过程

市场分析是根据已获得的市场调查资料，运用统计学原理，以科学方法收集消费者的购买和使用商品的事实、意见、动机等有关材料，并对市场及其销售变化进行研究分析的手段。狭义的市场分析指的是市场调查研究，而广义的市场分析则是对从生产者到消费者或用户在这一过程中全部商业活动的资料、情报和数据进行系统收集、记录、整理和分析，以了解商品的现实市场和潜在市场。因此，广义的市场分析不单是研究购买者或用户的心理和行为，而且还对各种类型的市场营销活动的所有阶段加以研究。

2. 产品开发过程

新产品开发是指从选择适应市场需要的产品开始到产品设计、工艺制造设计，直到投入正常生产的一系列决策过程。从广义而言，新产品开发既包括新产品的研制，也包括原有的老产品的改进与更新。在先进制造业中，传统产品在先进技术的改进和发展中，成为新产品，具有绝对的竞争优势，但是企业开发新产品，选择合适的方式很重要，一般有以下四种方式：①独创方式。采用这种方式开发新产品，有利于产品更新换代并形成企业的技术优势，也有利于产品竞争。②引进方式。技术引进是开发新产品的一种常用方式。企业采用这种方式可以很快地掌握新产品制造技术，减少研制经费和投入的力量，从而赢得时间，缩短与其他企业的差距。但引进技术不利于形成企业的技术优势和企业产品的更新换代。③改进方式。这种方式是以企业的现有产品为基础，根据用户的需要，采取改变性能、变换形式或扩大用途等措施来开发新产品。采用这种方式可以依靠企业现有设备和技术力量，开发费用低，成功把握大。但是，长期采用改进方式开发新产品，会影响企业的发展速度。④结合方式。结合方式是指独创与引进相结合的方式。

3. 生产技术准备过程

生产技术准备过程是指产品在投入生产前所进行的全部生产技术准备活动。过程内容主要包括：①技术文件准备。包括产品和零件图纸，加工、装配工艺规程，工时定额及各类材料消耗定额等。②原材料的外购和外协件的准备。外协件应在规格、品种、数量、质量、到货期等方面满足和保证生产现场的需要。③设备维修准备。在制订作业计划时，要考虑设备维护、保养、检查、修理等需要，贯彻设备预修制度，准备好易损备件，保证设备处于良好运行状态。④工装准备。现场生产所需的各类工装（如工具、量具、夹具、模具）必须事先准备好。编制生产作业计划时要检查工装的准备情况，需要外购、制造、修理的就要及时组织采购、制造和修理。⑤人员准备。包括对各技术工种工人的配备、工作轮班的安排、各班组及工作地工人的临时调配等。⑥动力和运输的准备。动力供应需备好燃料，维护好输变电设备，使其保持正常运转。物资运输准备需做好运输车辆、设备设施的维护保养，合理安排运输路线。

4. 产品生产过程

产品生产过程是指从原材料投入到成品出产的全过程。按照生产过程组织的构成要素，可以将生产过程分为以下三种：①物流过程。包括采购过程、加工过程或服务过程、运输（搬运）过程、仓储过程等，上述过程也是物料的转换过程和增值过程。②信息流过程。生产过程中的信息流是指在生产活动中，将其相关的原始记录和数据，按照需要加以收集、处理并使之朝一定方向流动的数据集合。③资金流过程。生产过程的资金流是以在制品和各种原材料、辅助材料、动力、燃料设备等实物形式出现的，资金的加速流转和节约是提高生产过程经济效益的重要途径。

5. 生产计划管理过程

生产计划管理，一般是指企业对生产活动的计划、组织和控制工作。广义的生产计划管理则有了新的发展，指以企业的生产系统为对象，包括所有与产品的制造密切相关的各方面工作的管理，也就是从原材料设备、人力、资金等的输入开始，经过生产转换系统，直到产品输出为止的一系列管理工作。

在进行生产计划管理时，一是要进行订单交期预测，以应对外购件无法及时到位，而对生产计划造成影响的状况；二是要进行生产计划模拟和调整，对采购计划的执行情况加以分析。如果确有调整生产计划的需要，计划或调度人员可以通过生产计划模拟、调整程序，对生产计划进行分析和有效调整；三是要进行生产进度控制。利用生产过程状况分析，查询到产品的制造进度；四是要进行项目进程监控。应把握项目过程的进度，避免交货期推迟的情况发生。

6. 产品销售和售后过程

产品销售是指报告期工业企业实际销售的、由本企业生产的工业产品的实物数量，但不包括用订货者来料加工生产的产品实物数量。它反映了工业企业生产成果已经实现销售的数量。如今，先进制造技术的应用使企业之间在产品质量、价格方面的竞争日趋激烈；此外，顾客购买商品的动机已由单一的价格因素逐步演化为对高质量产品和服务的追求，服务成为顾客选择购买的重要依据。制造业企业要在激烈的竞争中取胜，从服务方面突破是一个非常必要和可行的途径。

在制造业企业提供的服务中，售后服务尤为重要。商界提出了“二次竞争”的口号，意思是说，第一次竞争在销售，第二次竞争便是售后服务。可靠周全的售后服务可以给顾客使用产品带来真正的安全感，能切实提高顾客的满意度，进而形成对品牌的忠诚。

产品售后过程主要包括以下三种。①产品的质量保证。指在约定期内（或终身保修），若产品或劳务在正常使用过程中出现质量问题或与之相关的其他属于正常范围的问题，企业负有更换产品、免费或只收成本价进行修理等责任。②产品包装。一般指给生产的产品进行装箱、装盒、装袋、包裹、捆扎等工作。先进制造业绿色化就是要求企业的包装策略定位准确、设计出符合消费者心理的产品包装，帮助企业在众多竞争品牌中脱颖而出。③产品配送。传统的观点认为，产品配送是指企业将产品从配送中心运往与其发生业务关系的批发商、零售店、最终客户的过程，以及发生在这一过程中的需求预测、库存控制、运输优化和用户服务等一系列运营技术。另一种观点认为，制造业企业的配送还应该包括后向的供应商给制造业企业提供原材料，外购零部件的配送过程，以及与该供应商发生的关于供应商选择、采购谈判和订单下达等一系列工作，也就是一个企业的供应配送。先进制造业的产品配送应是更节约、更环保、更高效率的配送模式。

（四）先进制造业全过程的金融需求

根据先进制造业全过程工作内容和进程的相似程度，可以将全过程划分为前期、中期和后期三个过程。接下来分别分析每个过程中的金融需求。

1. 前期过程

前期过程包括市场分析、产品开发和生产技术准备过程。在市场分析的过程中，企业需要考虑目前企业资本结构、资产负债情况、融资渠道、回报/偿还计划和现金流。在产品开发的过程中，企业需要考虑资金需求（用量和期限）、资金使用计划及进度、投资抵押、投资担保、吸纳投资后股权结构、股权成本和杂费支付等。在生产技术准备的过程中，企业需要根据设计概算中各项生产准备费用，编制年度生产准备金计划，并纳入建设项目的投资计划中，确保生产准备金来源。此外，在编制总体准备方案时，应编制生产流动计划和费用计划。

在前期过程中，先进制造业需要各金融单位在贷款方向上制定相关倾斜政策，积极发挥政策性金融、开发性金融和商业金融的优势；需要专业金融咨询公司引导制造业企业战略合作以及公司制改造，帮助企业有效解决在技术创新和投融资过程中出现的信息不对称问题；需要金融交易机构帮助企业实行股权多元化；需要金融服务机构安排规划企业上市的资源储备，拓宽上市融资渠道；需要信托、基金等机构为企业积极探索信托基金、私募基金、投资银行基金等多元化融资的新产品；需要金融相关部门积极向国家和省提报推荐先进制造业重点项目，争取专项资金扶持。

2. 中期过程

中期过程包括产品生产过程和生产计划管理过程，是科技成果向生产领域转化的过程。制造业发展比较滞后，其中一个重要的原因是在科技创新转化为产业应用的过程中存在很多问题，大量科研成果没有转化到企业中去。在转化过程中，先进制造业的金融需求包括以下几项：

一是先进制造业企业需要更有利的科技贷款支持科技成果向生产领域转化，提高企业转化效率，增加利润，形成良性循环。先进制造业企业科技含量高、产业链长，企业的科技创新需要资金长期支持。但是，目前已有的科技贷款多为短期贷款，而且银行更愿意贷款给具有一定规模的企业，贷款结构不合理、利率缺乏弹性，对企业急需资金的科技创新初创期支持不足。同时，由于缺乏相应的政策和财政支持，各金融机构的贷款基本都按一般商业贷款利率投放，在经济下行通道，本就利润率较低的先进制造业企业难以承担利率成本，导致科技创新研发资金投入不足。

二是生产过程中源源不断的原材料被投入生产，该过程需要直接融资渠道，保证过程的不间断和生产计划管理的准确安排，进而减少制造费用、人工成本等。尽管资本市场支持不足，但是企业通过间接融资基本可以解决自身的科技创新投入所需资金问题。然而科技创新投入动力不足的主要原因并不是缺乏资金，而是科研成果转化效率低导致企业利润增长不明显。科技创新投入效果显著的中小型先进制造业企业在中小板上市的寥寥无几，难以获得资本市场直接融资支持。

三是生产和进度管理过程需要专业的风险投资机构的支持。风险投资的理想资金来源是机构投资者，但目前风险投资资金来源较单一，基本是政府或者国企出资，风险投资资金来源少。这样的现状使风险投资缺乏资本补充机制，风险承受能力低。同时，制度的缺乏和相应担保、保险机构的缺失也使得风险投资运营存在困难。只有在专业安全的风险投资机构的指导安排下，制造业企业才能保证整体资金运行的平稳，保证生产过程的顺利进行。

四是需要政策性金融的支持。大型企业的科技创新成果对于提升企业利润效果并不明显。一方面是由于企业技术创新主体地位没有真正确立，科技与经济结合问题没有从根本上解决。一些科技资源配置过度行政化，分散、重复、封闭、低效等问题突出，科技项目及经费管理不尽合理，研发和成果转移和转化率不高。另一方面，由于许多科技创新涉及国家安全、国计民生，一些基础性、前沿性研究和科技创新承担了很大的社会责任，投入量大，持续时间长，无法在短期内取得效益，甚至无法用效益来衡量，正是由于缺乏相应的政策性金融支持，导致企业科技创新动力不足。

3. 后期过程

后期过程是产品销售和售后的过程。后期过程的金融需求如下：①制造业企业的一大特点是资金周转周期较长、资金占用比例较大，所以往往在产品推广期，为了快速占领市场，主要采取租赁销售方式，但是租金收益见效慢和产品推广资金需求大的矛盾日益凸显。这就需要金融租赁公司发挥“以租代售”功能，支持先进制造业企业扩大销售和出口。②制造业企业多以跟单业务为主，为避免在销售及售后过程中发生应收账款变成呆账，通常会将其现在或将来的基于其与买方订立的货物销售或服务合同所产生的应收账款转让给保理商（提供保理服务的金融机构），由保理商向其提供资金融通、买方资信评估、销售账户管理、信用风险担保、账款催收等一系列服务的综合金融服务方式。此外，制造业也会通过承兑来保证付款人在该汇票上做到期付款。因此，提供保理、承兑等业务的金融机构应给予充分的支持。③制造业企业为保证整个过程资金流的快速回转，还需要供应链金融机构借助“1+N”模式，将创新定制的金融方案深层嵌入现代供应链和先进制造业。④企业的融资不仅总量需求高，对其内容的丰富性、灵活性和多样性也有着更强烈的需求，当前发展状况难以满足先进制造业企业不断增长的融资担保和融资租赁业务需求。

（五）先进制造业全过程中金融需求的特征

先进制造业全过程的金融需求发生着重大的变化，不同规模的制造业企业更是对金融服务有不同的需求，逐渐呈现出三种新特征。

1. 金融服务的综合化

制造业属于经济周期比较强的企业，且多数制造业企业都属于产业链的中游企业，上下游受制于能源、电力、有色金属的生产规模和原料供应，下游受制于房地产、汽车、铁路、公路、用电企业以及终端消费市场的承载能力，制造业企业自身的议价能力有所下降。制造业企业不再大规模盲目生产，跟单生产业务较多，因此对于金融需求，除原有流动资金贷款外，信用证、保理、承兑等更符合制造业企业的金融需求。同时，制造业自身在转型升级以及新产品开发中，对银行的固定资产贷款、融资租赁产品、并购融资等业务需求增多，对产业基金、非标、企业债等投资银行类产品的需求也在加大。

2. 金融服务的差异化

不同规模的企业对金融服务的需求重点存在一定差异化。中小型制造业企业由于抵押担保能力较弱，对抵质押物提供的便利性、贷款的快捷性要求较高，但对资金价格的敏感度相对较低。同时，在当前经济环境下，中小型制造业企业资金周转速度变慢，对中长期限的资金需求不断增加。大型或制造业产业链核心企业抵押担保能力较强，在金融需求上更关注资金价格和融资来源的多样性，由于大型制造业企业融资较为便利，在期限选择上，更倾向于合理搭配融资期限以降低融资成本。

3. 金融服务的国际化

推动国际产能和先进制造合作，既是保证我国经济中高速增长和迈向中高端水平的重大举措，也是推动新一轮高水平对外开放、增强国际竞争优势的重要内容，更是推动我国制造业转型升级、优化结构的重要手段。在推动国际产能和先进制造业的过程中，企业对跨境金融、离岸金融的需求不断增加，对本外币结算、汇兑、跨境现金管理、衍生品、并购等方面的金融产品及服务的需求进一步提高，对金融机构在与产能合作的投资项目、技术研发、重大先进国产化、兼并重组等方面的金融支撑能力提出更高要求。

二、金融服务能力的界定

界定金融服务能力的概念，首先要对金融服务有一个本质的认识。

（一）金融服务的概念

通常，我们认为金融服务是从市场和客户的需求出发，运用现代科技手段，以丰富的业务产品为客户提供服务，不断满足客户需求，并通过向社会、企业、民众提供服务来获取收入，增加利润，获得发展。

学术界对金融服务进行了更专业的界定。英国学者亚・梅丹（2000）将金融服务定义为金融机构运用货币交易手段、融通有价物品，向金融活动参与者和顾客提供共同收益、获得满足的活动[①]。威廉・齐克蒙德在《客户关系管理》一书中提出金融服务应包含金融商品服务、金融劳务服务和金融辅助服务三个部分。金融商品服务指提供货币信用种类和劳动服务的项目；金融劳务服务指通过银行员工的劳动，满足客户办理各种业务需求的服务；金融辅助服务是指为实现金融服务的一些设备和设施[②]。世界贸易组织认为，金融服务是指由金融服务提供者所提供的所有有关金融性质的服务。

基于对金融服务的一般性认识，并结合学者们的观点，本书认为金融服务

① 梅丹.金融服务营销学[M].北京：中国金融出版社，2000.

② 齐克蒙德. 客户关系管理[M]. 北京：中国人民人学出版社，2005.

的概念是由金融市场或金融机构等能够提供服务的主体，运用货币交易手段融通有价物品，向金融活动参与者提供金融商品、金融劳务以满足某种需求的服务活动。服务对象包括两个层次：一个层次是为微观经济服务，主要指为企业、企业集团、从事经营活动的机构或个人提供的金融服务，也包括为国家机关、社会团体提供金融服务；另一个层次是为宏观经济服务，即为整个国民经济的持续、快速、稳定发展服务，包括经济信息的收集、整理和研究，通过各种金融手段对货币信用总量和结构进行调控，对金融风险进行监管等[①]。

金融服务不同于一般的商品服务，它具有以下几个特点：一是在金融服务提供过程中实物资本投入较少，金融服务业属于知识密集和资本密集型行业；二是金融服务通过货币的流动来实现，如银行提供的结算服务、证券投资等，都离不开货币所有权的变更；三是金融服务以社会资金的聚集为前提，金融机构或金融市场之所以存在，就在于其能够将闲散的社会资金聚集起来，从而催生了其他形形色色的金融服务。

（二）金融服务能力的界定

国外学者们对金融服务能力的研究主要从金融服务质量和金融竞争力两个方面展开。关于金融服务质量的研究认为，服务质量是企业竞争的一个重要方面，主要集中于银行服务质量的研究。有学者用关键事件法调查发现，影响顾客服务满意度的属性包括可访问性、美观性、关注帮助客户、可利用性、关心、整洁、舒服、许诺、交流、能力、礼貌、机动性、友好性、功能、完整性、可靠性、响应性和安全性。对金融竞争力的研究以 IMD 和 WEF 为代表[②]，它们将金融竞争力当作一国综合竞争力的一个方面，提出了 4 类指标对金融竞争力进行分析：①资本成本竞争力，反映利率、资本成本和国家信用评级。②资本市场效率竞争力，反映企业财务状况、银行信贷、国外资本市场开发和风险资本。③股票市场活力，反映股票市场资本化、上市公司和内幕交易。④银行部门效率，反映中央银行政策、银行规模、对金融机构监管等。

国内学者们对金融服务能力的界定和具体内容的概括角度各不相同。

---

① 王佩真. 货币金融理论与政策[M]. 北京：金融出版社，2005.

② 肖红叶，郑华章. IMD-WEF 国际竞争力评价比较研究——以中国为例[J]. 统计与信息论坛，2008（01）：5-10.

从狭义和广义角度来看，吕芙蓉等（2015）①认为狭义的银行金融服务核心能力大致分为融资、支付结算和增值服务三大类；而从广义上来说，大型商业银行拥有的资源都可以被解构成不同层面的服务能力，如线下设备、网点、品牌、互联网线下服务资源和核心背景资源等。

从传统与新兴发展角度来看，中国工商银行北京市分行课题组研究认为，商业银行传统的金融服务能力包括存贷款、结算、担保和贸易融资等，在中国"一带一路"倡议、"走出去"战略的背景下，银行必须提供相应的全球现金管理、供应链融资、结构化融资和财务顾问等服务，全面提升银行的"走出去"客户服务能力、可持续盈利能力等金融服务能力。

从软硬件能力角度来看，周广义（2010）②认为金融服务能力包括金融服务硬件能力和金融服务软件能力。硬件能力包括环境能力和信息技术支撑能力等；软件能力包括服务意识能力、服务管理能力、服务规划能力、创新能力等。

从行政区域划分角度来看，吴绍林（2012）③等在研究县域金融服务水平时提出，金融服务能力主要包括金融服务的基础设施情况和金融服务的基本功能表现。金融服务的基础设施主要包括金融机构的硬件设施和软件设施，分别以金融机构网点密度、自助设备密度、支付系统覆盖率、人员素质来衡量。金融服务的基本功能主要体现为储蓄、信贷、投资理财、支付结算、保险等服务功能。从服务于某一特定企业来看，鲁铁（2014）④认为针对中资券商，金融服务能力包括欧美证券清算功能、证券融资功能和代理销售功能，金融机构应加强特殊功能的服务能力，努力提升全球机构金融服务的国际化水平。

综上所述，本书认为金融服务能力是金融市场或金融机构等金融服务提供者将生产的产品或劳务提供给他人，或通过一些辅助设备提供服务条件或信息，以满足不同主体的各种金融需求的能力。

对金融服务能力内涵的认识应注意以下三个方面：一是金融服务能力的核心是服务，而且特指由金融市场或金融机构作为服务主体所提供的服务，离开

---

① 吕芙蓉，范蕤，吕廷杰. 基于 RosettaNet 视角的商业银行精通高服务能力跨组织协同流程研究[J]. 北京邮电大学学报. 2015，17（2）：73-99.

② 周广义. 优化金融环境切实提高金融服务能力——论服务时银行发展之本[J]. 经济研究，2010，6：65-66.

③ 吴绍林，谭霖，梁常俊. 县域金融服务水平评估体系及应用研究[J]. 三农金融，2012，7：46-50.

④ 鲁铁. 服务中资券商共拓美国市场——对提升工商银行对中资券商全球金融服务能力的思考[J]. 中国城市金融，2014，10：45-47.

了市场或机构，金融服务能力也无从谈起，只要金融企业存在，它就必然具备某种金融服务能力，否则它就失去了存在的价值。因此，金融服务能力与金融企业是相生相随的。这里所指的金融主体主要包括机构银行、保险公司、证券公司、信托公司、基金公司、租赁公司等。二是金融服务能力是通过金融市场或机构提供金融产品、金融劳务或金融设备来实现的。因此，这些金融产品、劳务或设备是实现金融服务能力的载体，它们在一定程度上反映了金融服务能力的高低。三是金融服务能力的提升过程就是金融服务业的不断发展过程，在这个过程中，社会主体的金融需求不断得到满足，金融服务业本身的规模也在不断壮大，效率不断提升，金融企业生存环境不断优化。

（三）金融服务提供主体：金融机构

基于对金融服务能力内涵的认识可以看出，金融机构作为金融服务的提供主体发挥着不可替代的作用。金融机构，从狭义上来说，仅指那些通过参与或服务金融市场交易而获取收益的金融企业；从广义上来说，则指所有从事金融活动的组织，其范围包括金融市场的监管机构，如一国的中央银行等，甚至包括诸如国际货币基金组织等国际金融机构。

1. 金融机构的分类

2010年，中国人民银行发布了《金融机构编码规范》（以下简称《规范》），从宏观层面统一了中国金融机构分类标准，首次明确了中国金融机构涵盖范围，界定了各类金融机构具体组成，规范了金融机构统计编码方式与方法。该《规范》对金融机构进行了如下分类：①货币当局。包括中国人民银行、国家外汇管理局。②监管当局。包括中国银行保险监督管理委员会、中国证券监督管理委员会。③银行业存款类金融机构。包括银行、城市信用合作社（含联社）、农村信用合作社（含联社）、农村资金互助社、财务公司。④银行业非存款类金融机构。包括信托公司、金融资产管理公司、金融租赁公司、汽车金融公司、贷款公司、货币经纪公司。⑤证券业金融机构。包括证券公司、证券投资基金管理公司、期货公司、投资咨询公司。⑥保险业金融机构。包括财产保险公司、人身保险公司、再保险公司、保险资产管理公司、保险经纪公司、保险代理公司、保险公估公司、企业年金。⑦交易及结算类金融机构。包括交易所、登记结算类机构。⑧金融控股公司。包括中央金融控股公司、其他金融控股公司。⑨新兴金融企业。包括小额贷款公司、第三方理财公司、综合理财服务公司。

2. 金融机构提供的金融服务

金融服务提供者是指希望提供或正在提供金融服务的一成员的自然人或法人，但“金融服务提供者”一词不包括公共实体。“公共实体”是指政府、中央银行或货币管理机关，或由一成员拥有或控制的、主要出于政府目的执行政府职能或进行活动的实体，不包括主要在商业条件下从事金融服务提供的实体，或在行使通常由中央银行或货币管理机关行使的职能时的私营实体。

金融机构能够提供的服务包括：①直接保险，包括共同保险、寿险、非寿险。②再保险和转分保。③保险中介，如经纪和代理。④保险附属服务，如咨询，精算、风险评估和理赔服务，银行和其他金融服务（保险除外）。⑤接受公众存款和其他应偿还基金。⑥所有类型的贷款，包括消费信贷、抵押信贷、商业交易的代理和融资。⑦财务租赁。⑧所有支付和货币转移服务，包括信用卡、赊账卡、贷记卡、旅行支票和银行汇票。⑨担保和承诺。⑩交易市场、公开市场或场外交易市场的自行交易或代客交易，包括货币市场工具（包括支票、汇票、存单）、外汇、衍生产品（包括但不仅限于期货和期权）、汇率和利率工具（包括换汇和远期利率协议等产品）、可转让证券、其他可转让票据和金融资产（包括金银条块）。⑪参与各类证券的发行，包括承销和募集代理（无论公开或私下），并提供与该发行有关的服务。⑫货币经纪。⑬资产管理，如现金或证券管理、各种形式的集体投资管理、养老基金管理、保管、存款和信托服务。⑭金融资产的结算和清算服务，包括证券、衍生产品和其他可转让票据。⑮提供和传送其他金融服务提供者提供的金融信息、金融数据处理和相关软件。

除上述金融机构的服务外，金融机构要根据企业“走出去”的需要，进一步优化完善海外机构布局，为企业提供银团贷款、并购贷款、项目融资、出口信贷等多元化和个性化的金融服务；支持“走出去”企业，以境外资产和股权等权益为抵押获得贷款，提高企业融资能力；支持制造业企业，开展外汇资金池、跨境双向人民币资金池业务；支持制造业企业在全口径跨境融资，宏观审慎管理政策框架下进行跨境融资；支持符合条件的境内制造业企业，利用境外市场发行股票、债券和资产证券化产品。

金融部门尤其是金融机构要紧紧围绕《中国制造 2025》重点任务和“1+X”规划体系，根据中国人民银行、工业和信息化部、银监会、证监会、保监会于 2017 年发布的《关于金融支持制造强国建设的指导意见》，改进和完善金融服务水平，进一步建立健全多元化金融服务体系，大力推动金融产品和服务创新，加强和改进对制造强国建设的金融支持和服务。

第二节　研究先进制造业全过程金融服务能力的理论依据

先进制造业全过程有大量的金融需求，金融机构恰好可以为先进制造业提供相应的金融服务，而金融机构提供金融服务的能力会直接影响先进制造业的发展质量和速度。本节对功能金融理论、制造业升级理论、金融发展理论进行了论述，为讨论金融服务能力与先进制造业关系提供了理论基础。

一、功能金融理论

（一）功能金融理论的提出和假定

功能金融理论是由美国斯隆管理学院教授罗伯特·莫顿（R.Merton）和兹维·博迪（Z.Bodie）于1993年提出的，它是伴随着内生经济增长理论的诞生而出现的，其显著特点是将金融变量内生化，通过引入外部性、规模收益递增和质量阶梯等技术，进一步揭示金融发展影响经济增长的机制。功能金融理论分为传统金融理论和功能金融理论。

传统金融理论主要从金融机构的角度着手研究金融体系，即所谓的机构金融观点。持有该观点的人认为，现存的金融市场活动主体和金融组织是既定的，由与之相配套的金融规章和法律来规范各种组织的运行，现有的金融机构和监管部门都在致力于维持原有组织机构的稳定。金融机构理论由于其直观性和实践性，在早期成为金融领域的主流理论。但是随着基础技术以较快的速度进行革新，相关法律和规章制度的制定滞后于其变化，明显的缺陷暴露在稳定的机构运行中，使组织变得无序混乱。“机构范式”的缺陷在于它没有从动态的角度来考察金融机构的创新，难以解释现代金融市场中层出不穷的金融工具创新。针对这样的问题，R. Merton 和 Z.Bodie 提出了功能主义金融理论。

功能金融理论具有两个假定：一是金融功能比金融机构更加稳定。R. Merton 和 Z.Bodie 认为，随着时间的推移和区域的变化，金融功能的变化要小于金融机构的变化。从纵向来看，以银行为例，现代商业银行的组织设置和机构布局与早期的货币代管机构相比，已经发生了翻天覆地的变化；从横向来看，处于不同地域的银行的组织设置不同，但履行的功能却大致相同。二是金融功能优于组织机构。金融功能比金融的组织机构更加重要，只有机构不断创新和竞争才能最终使金融具有更强的功能和更高的效率。

在上述假定前提下，R.Merton 和 Z.Bodie 认为，从功能金融观点来看，要先确定金融应具备哪些经济功能，然后据此来设置或建立可以较好地行使这些功能的机构与组织。任何金融体系的主要功能都是为了在一个不确定的环境中帮助先进制造业在不同地区或国家之间在不同的时间配置和使用经济资源。

（二）功能金融理论的理论框架

Z.Bodie 和 R.Merton 基于金融功能观提出了金融系统概念框架，认为金融系统的核心是金融功能，而不是金融机构，并列出金融系统执行的 6 项基本的核心职能。

1. 在时间和空间上转移资源

在时间和空间上转移资源是指在不同的时间、地区和行业之间提供经济资源转移的途径，包括跨期配置和跨区域配置。

（1）跨期配置。金融体系为时间上紧急资源的跨期转移提供了方便，一方面，经济资源拥有者为了取得未来收益而放弃当前消费；另一方面，需求者目前资源短缺，渴望得到经济资源，以便扩大生产。金融体系满足了双方对于经济资源的跨期配置的需求，提升了社会总体效率。

（2）跨区域配置。经济资源有可能远离其利用效率最大化的国家、地区和行业，金融体系通过股票、债券和贷款的形式，实现了经济资源的空间转移，使资源的使用效率最大化。金融体系转移资源的功能，推动经济资源从低收益的生产单位流向高收益的生产单位，提高了生产效率和收益。

2. 提供分散、转移和管理风险的途径

风险是由于未来存在不确定性而导致损失的可能性。金融体系不仅具有资源重新配置的功能，还可以重新配置风险。其途径有二：一是保险公司，其是专门从事风险转移的金融中介，它们从希望降低风险的客户那里收取保费，同时将风险转移给为换取某种回报而愿意偿付索赔、承担风险的投资者；二是金融体系，其拥有多元化投资工具，为投资者分散投资风险提供了便利。

3. 提供资金清算和结算的途径以实现商品、服务和各种资产的交易

原始的物物交易和易货交易方式直接，但效率很低。在不同国家、地区以及同一地区的交换过程中，金融体系提供了双方都可以接受的有效支付途径。居民和企业无需在购买过程中浪费时间和资源。

4. 为储备资源和在不同的企业中分割所有权提供有关机制

金融体系具有归集资源并细分股份的功能。资源归集主要体现在相对于企业运作的资本需求量，个人投资者的资金通常是不够的，这时金融体系可以发挥归集资源的作用，聚集众多投资者的资金，集中投向企业，满足企业生产所需。细分股份主要体现在股票市场为企业股份的细分和流通提供了场所。在不影响企业实际生产的同时，为投资者提供了投资机会并分享企业收益。此外，股份细分降低了投资门槛，为投资者提供了新的投资机会和途径。

5. 提供价格信息，帮助协调不同经济部门的决策

信息不完全、不对称很大程度上会影响经济体对投资项目收益的判断以及储蓄投资转化的规模和效率。经济社会中充满不确定性，获得信息对经济主体而言是有益的，有助于减少风险。在信息不完全的情况下，很难搜寻信息并保证信息的准确，而在信息不对称的情况下，激励问题普遍存在，这些因素都会影响储蓄投资的转化。

在金融体系中，投资者广泛参与金融交易，促进价格发现。此外，市场中的公允价格为不同经济部门决策提供信息，有助于决策者把握市场方向。每一种新型金融工具的出现都会从一个新的侧面提供信息，供决策者使用。

6. 当交易中的一方拥有另一方没有的信息或一方为另一方的代理人时，提供解决激励问题的方法

在生产经营中，激励问题广泛存在。激励问题的产生，源于信息不对称以及所有权和决策权的分离。金融体系为解决激励问题提供了有效的途径，促进了社会生产效率的提高。

因此，根据 R. Merton 和 Z. Bodie 的功能金融理论，金融体系以金融功能为核心，而非以金融机构为核心。金融功能观下的金融体系可以为制造业升级提供更多稳定的金融服务，不会因为金融机构的变化而面临资金风险。而且金融机构是在金融具备经济功能的条件下设置的，这样可以避免金融机构无法提供相对应的金融服务。

如此看来，金融服务能力不单单是金融机构的服务能力，更是各类金融产

品的服务能力。因此，金融机构必须依靠金融体系创造出丰富多样的金融工具，更有效率地充分动员社会储蓄，将聚集起来的资金进行高效配置，提高资本的边际生产率和全要素生产率，有效分散、管理风险，促进先进制造业的发展和社会福利的增长。

二、制造业升级理论

一般来说，我们定义的制造业升级是指在某段时期内，制造业企业依托生产设备的引进或改造升级，不断提升研发能力，使得某个地区的产业升级，持续实现产品创新和生产技术水平的大幅度提升，进而明显改善和升级该地区制造业产业结构。简而言之，制造业的升级是产业升级规模化、常态化的成果。因此，本书根据产业升级理论得出制造业升级理论的基本内涵。

产业升级理论可追溯到雷蒙德·弗农（Raymond Vernon，1973）①的工业生命循环论，他认为一个产品从出现到普遍使用大致要经历形成期、成长期、成熟期和衰退期 4 个阶段，每个阶段产品所需要的投入要素是不同的，随着产品生命周期的推移，各国在产品生产的比较优势发生变化，并形成产业的区域间转移，原产地则从事更有竞争力的产品生产。该理论后来被其他研究者发展为梯度转移理论，即不同区域内，经济技术的发展是非均衡的，逐渐形成一种经济技术梯度。生产力的空间推移，是从高梯度区域（该地区主导产业处于创新阶段和发展阶段）向低梯度区（技术、资金和劳动力素质受到限制的不发达地区布局，处于成熟阶段后期和衰退阶段的产业部门）推移的。产业升级的概念内涵目前尚未统一，波特（Porter，1990）②认为在资本相对充裕时，资本和技术密集型产业的发展有比较优势，产业升级就是制造商从劳动密集型产业形式向高附加值的资本或技术密集型产业转变的过程。产业升级与创新的区别在于创新指相对于自身的先前状况，公司改进或开发新产品或工艺；升级则指的是相对于外部竞争者，公司如何快速适应环境的变化。唐晓云（2012）③对产业升级理论进行了评述，从技术创新、创新政策两个方面总结了影响产业升级的相

---

① Raymond Vernon.International Investment and Invenstment Trade in the Product Cycle[J]. Quarterly Journal of Economics, 1973, 20:4-66.

② Porter.The Competitive Advantage of Nations[M]. London:Macmillan, 1990.

③ 唐晓云.产业升级研究综述[J].科技进步与对策，2012：4.

关因素，认为产业升级理论的研究很薄弱，在全球生产和投资国家化背景下，关于产业升级的研究必须与全球价值链分析融合在一起，并引入技术创新全球化及国家创新政策等关键因素，通过比较优势将宏微观层面统一起来，才能在这方面有所深化、有所创新。唐晓云在文中写到，Ernst 为了使产业升级的概念易于理解，提出了 5 类产业升级：①产业间升级。产业层次从低附加值产业向高附加值产业的移动。②要素间升级。生产要素层次从“禀赋资产”向“创造资产”（即物资资本、人力资本和社会资本）移动。③需求升级。消费层次从必需品向便利品、奢侈品移动。④功能升级。价值链层次从销售、分配向最终的组装、测试、产品开发和系统整合移动。⑤链接上的升级。前后链接层次从有形的商品类生产投入向无形的、知识密集的支持性服务移动。其中后 4 种属于产业内升级。

总而言之，产业升级的内涵界定包括以下几个方面：①第一产业的产值与劳动力会随着经济的快速发展而逐步下降，第二产业与第三产业则不断上升。②工业部门之间或内部逐步向着高加工化迈进，主导部门与产业不断变化，产品附加值不断提高。③产业向着国际价值链高端环节转变，产业在国际分工中的地位不断提高。④产业中不同的要素密集度逐步改变，即劳动与知识技术要素之间的密集度发生转变，在这个过程中要素结构也不断优化。

本书借鉴产业升级的第四种内涵得出制造业升级理论的主要观点：制造业升级是从资源密集、劳动密集阶段向资金密集、技术密集阶段迈进的过程，也是传统制造业向现代制造业的重要蜕变，从传统的粗放式增长模式向集约型的内生增长模式转变，使制造业边际收益呈递增趋势。

雁阵模型是传统产业升级理论代表，最早由赤松要（Akamatsu，1961[①]；Akamatsu，1962[②③]）提出，经过大来（Okita，1985）[④]和小岛清（Kojima，2000）[⑤]

---

① Akamatsu K.A Theory of Unbalanced Growth in the World Economy [J].Weltwirtschaftliches Archiv，1961:196-217.

② Akamatsu K.A Historical Pattern of Economic Growth in Developing Countries[J].The Weltwirtschaftliches Archiv, 1961:196-217.

③ Akamatsu K.A Historioal Pattern of Economic Growth in Developing Countries[J]. The Developing Econoies, 1962, I(sI):3-25.

④ Okita S.Special Presentation: Prospect of Pacific Economies [C]//the Fourth Pacific Economic Cooperation Conference，April.1985，29:18-29.

⑤ Kojima K.The “Flying Geese”，Model of Asian Economic Development: Origin，Theoretical Extensions，and Regional Policy Implicatons[J]Journal of Asian Economics，2000，11(4):375-401.

等人的完善和发展，雁阵模型已经成为一个较完整的关于产业升级的理论。

雁阵模型最初用于解释日本如何借助比较优势的动态变迁顺利完成产业升级，后来则广泛用于解释以东亚四小龙为代表的东亚经济体的产业升级。在以“雁阵模型”为代表的传统的产业升级理论视角下，不同的国家依据各自的要素禀赋结构和比较优势进行不同的产业分工，而传统产业升级理论视角下的国际分工则是产业间分工。劳动密集型产业具有比较优势的国家更专注于纺织业、鞋帽制造业等劳动密集型产业。资本和知识密集型产业具有比较优势的国家则专注于中电器和机械设备制造业等资本和知识密集型产业。当一国的要素禀赋结构和比较优势发生变化时，产业分工也随之调整，从而完成产业升级。

随着全球价值链分工这一新的世界分工体系发展成熟，国际生产分工已经深化到产业内分工，各国在化值链不同生产环节之间进行分工。因此，产业升级已经不仅仅局限于跨产业的升级，还包括了属于同一产业内的价值链不同环节之间的升级。当跨产业、跨地域实现规模性的产业升级后，制造业体系会发展得更加成熟，转型升级随之而来。

由此看来，先进制造业是制造业通过集中密集的资金和高端的技术，使要素禀赋结构发生变化，实现产业升级，进而实现制造业升级后的现代制造业。显然，先进制造业全过程中密集的资金支持是金融可以提供且必须提供的服务，结合功能金融理论，金融可以切实有效地为制造业升级提供对口的服务，只有这样才能加快我国制造业升级转型和先进制造业的发展。

三、金融发展理论

（一）金融发展理论的诞生

自银行产生以来，人们就一直在思考金融在经济增长中的作用。金融发展理论是随着发展经济学的产生而产生的，但在发展经济学的第一阶段（20 世纪 40 年代末到 60 年代初期），西方发展经济学家并没有对金融问题进行专门研究，因为在该阶段，结构主义发展思路尚处于主导地位，在唯计划、唯资本和唯工业化思想的指导下，金融因成为工业化、计划化和资本积累的工具而处于附属和被支配的地位，其发展受到了忽视。

20 世纪 60 年代中期以后，发展经济学进入第二阶段，新古典主义发展思路取代结构主义思路而处于支配地位，市场作用受到重视，金融产业的发展才有了合适的空间。金融发展理论主要研究的是金融发展与经济增长之间的关系，即研究金融体系（包括金融中介和金融市场）在经济发展中所发挥的作用，研究如何建立有效的金融体系和金融政策组合以最大限度地促进经济增长，如何合理利用金融资源以实现金融的可持续发展并最终实现经济的可持续发展。

（二）金融发展理论的萌芽

第二次世界大战后，一批新独立的国家在追求本国经济发展的过程中，不同程度地受到储蓄不足和资金短缺的制约，而金融发展滞后和金融体系运行的低效是抑制经济发展的深层次原因。20 世纪 60 年代末至 70 年代初，一些西方经济学家开始从事金融与经济发展关系方面的研究工作，以雷蒙德·W.戈德史密斯、格利、E.S.肖、罗纳德·麦金农等为代表的一批经济学家先后出版了以研究经济发展与金融发展为主要内容的专著，从而创立了金融发展理论。

1. 金融发展理论的萌芽——金融在经济中的作用

格利和 E.S.肖分别发表了《经济发展中的金融方面》和《金融中介机构与储蓄-投资》两篇论文，从而揭开了金融发展理论研究的序幕。他们通过建立一种由初始向高级、从简单向复杂逐步演进的金融发展模型，证明了经济发展阶段越高，金融的作用越强的命题。他们在 1960 年发表的《金融理论中的货币》一书中，试图建立一个以研究多种金融资产、多样化的金融机构和完整的金融政策为基本内容的广义货币金融理论。格利和 E.S.肖在《金融结构与经济发展》一文中，对上述问题进行了更深入的研究，他们试图发展一种包含货币理论的金融理论和一种包含银行理论的金融机构理论，他们相信金融的发展是推动经济发展的动力和手段。

2. 金融结构理论——金融发展理论形成的基础

雷蒙德·W. 戈德史密斯的杰出贡献是奠定了金融发展理论的基础，他在《金融结构与金融发展》一书中指出，金融理论的职责在于找出决定一国金融结构、金融工具存量和金融交易流量的主要经济因素。他创造性地提出金融发展就是金融结构的变化，他采用定性和定量分析相结合以及国际横向比较和历史纵向比较相结合的方法，确立了衡量一国金融结构和金融发展水平的基本指标体系。通过对 35 个国家近 100 年的资料进行研究和统计分析，雷蒙德·W.戈德史密斯得出了金融相关率与经济发展水平呈正相关的基本结论，为此后的金融研究提供了重要的方法论参考和分析基础，也成为 20 世纪 70 年代以后产生和发展的各种金融发展理论的重要渊源。

（三）金融发展理论的建立

1973 年，罗纳德·麦金农的《经济发展中的货币与资本》和 E.S.肖的《经济发展中的金融深化》两本书的出版，标志着以发展中国家或地区为研究对象的金融发展理论的真正建立。罗纳德·麦金农和 E.S.肖就金融和经济发展之间的相互关系及发展中国家或地区的金融发展提出了精辟的见解，他们提出的“金融抑制”（Financial Repression）和“金融深化”（Financial Deepening）理论在经济学界引起了强烈反响，被认为是发展经济学和货币金融理论的重大突破。许多发展中国家货币金融政策的制定及货币金融改革的实践都深受该理论的影响。

1. 金融抑制论

罗纳德·麦金农认为，由于发展中国家对金融活动有着种种限制，对利率和汇率进行严格管制，致使利率和汇率发生扭曲，不能真实准确地反映资金供求关系和外汇供求。在利率被压低或出现通货膨胀，或是两者都有的情况下，一方面，利率管制导致了信贷配额，降低了信贷资金的配置效率；另一方面，货币持有者的实际收益往往很低甚至为负数，致使大量的微观经济主体不再通过持有现金、定活期存款、定期存款及储蓄存款等货币形式进行内部积累，更倾向于采取实物形式，其结果是银行储蓄资金进一步下降，媒介功能降低，投资减少，经济发展缓慢，该状况被罗纳德·麦金农称为“金融抑制”。

这种金融抑制束缚了发展中国家的内部储蓄，加强了对国外资本的依赖。但是，在罗纳德·麦金农提出的金融抑制论中，他对货币的定义是混乱和矛盾的。他把货币定义为广义的货币（M2），即不仅包括流通中的现金和活期存款，而且还包括定期存款和储蓄存款。但他在模型中又强调所谓的外在货币，即由政府发行的不兑现纸币，这样就排除了银行体系的各种存款，因而在同一货币理论中存在着两种相互冲突的货币定义。

2. 金融深化论

E.S.肖认为，金融体制与经济发展之间存在相互推动和相互制约的关系。一方面，健全的金融体制能够将储蓄资金有效地动员起来并引导到生产性投资上，从而促进经济发展；另一方面，发展良好的经济同样也可通过国民收入的提高和经济活动主体对金融服务需求的增长来刺激金融业的发展，由此形成金融与经济发展相互促进的良性循环。E.S.肖指出，金融深化一般表现为三个层次的动态发展：一是金融增长，即金融规模不断扩大，可以用指标 M2/GNP 或 FIR 来衡量；二是金融工具、金融机构的不断优化；三是金融市场机制或市场秩序的逐步健全，金融资源在市场机制的作用下得到优化配置。这三个层次的金融深化相互影响、互为因果关系。

根据罗纳德·麦金农和 E.S.肖的研究分析，适当的金融改革能有效地促进经济的增长和发展，使金融深化与经济发展形成良性循环。为了更好地解释这种良性循环，罗纳德·麦金农提出了一种经过修正的哈罗德-多马模型。在修正后的模型中，罗纳德·麦金农抛弃了储蓄倾向为一常数的假设。他指出，在经济增长中，资产组合效应将对储蓄产生影响，因而储蓄倾向是可变的，它是经济增长率的函数。

同时，储蓄还受到诸如持有货币的实际收益率等其他许多变量的影响。通过对哈罗德-多马增长模型的修正，罗纳德·麦金农分析对金融压制的解除，既可直接地通过储蓄倾向的提高来增加储蓄，从而增加投资，促进经济的增长，又可反过来通过经济的增长而进一步增加储蓄。因此，实行金融改革，解除金融压制，是实现金融深化与经济发展良性循环的关键。

（四）金融发展理论的发展

第一代麦金农、肖学派盛行于 20 世纪 70 年代中期到 80 年代中期，代表人物包括卡普、马西森、加尔比斯和弗赖伊等，他们主要的研究工作是对金融深化论进行实证研究和扩充。

1. 卡普的观点

卡普研究了劳动力过剩且固定资本闲置的欠发达封闭经济中金融深化问题，他认为固定资本与流动资本之间总是保持着固定比例关系，在固定资本闲置的条件下，企业能获得多少流动资金便成为决定产出的关键因素。卡普接受麦金农的观点，认为实际通货膨胀率除受其他因素影响之外，还受通货膨胀预期的影响。同时，卡普又放弃了麦金农着重内源融资的观点，认为流动资本的净投资部分一般完全通过银行筹集，商业银行对实际经济的影响主要就是通过提供流动资本来实现的。能提供的流动资本量取决于实质货币需求、货币扩张率与贷款占货币的比率。

2. 唐纳德·马西森的观点

唐纳德·马西森的观点与卡普相似，也是从投资数量的角度讨论金融深化的影响。但他在设立假设时，有两点不同于卡普的假设。首先，唐纳德·马西森假设所有的固定资本都被充分利用，即在现实生活中并不存在卡普所说的闲置的固定资本。第二，唐纳德·马西森假设企业通过向银行借款筹集的是所用的全部资本的固定比率，即不仅需要向银行借入部分流动资本，而且需要向银行借入部分固定资本。他还指出，经济增长归根结底是受银行贷款供给的制约，而银行贷款的供给又在很大程度上要受到存款的实际利率的影响。为使经济得以稳定增长，就必须使实际利率达到均衡水平。因此，必须取消利率管制，实行金融自由化。

3. 维森特·加尔比斯的观点

与马西森一样，维森特·加尔比斯也是基于发展中国家经济的分割性假定，认为发展中国家的经济具有某种特性，这种特性是因为低效部门占用的资源无法向高效部门转移，使不同部门投资收益率长期不一致，从而导致资源的低效配置。他提出，金融资产实际利率过低是金融压制的主要表现，是阻碍经济发展的重要因素。为了克服金融压制，充分发挥金融中介在促进经济增长和发展中的积极作用，必须把金融资产的实际利率提高到均衡水平，即提高到使可投资资源的实际供给与需求相平衡的水平。

4. 韦尔·J.弗赖伊的观点

韦尔·J.弗赖伊认为，投资的规模与投资的效率是经济增长的决定因素，而在发展中国家，这两者又都在很大程度上受货币金融因素的影响。他认为，在静态均衡的条件下，实际增长率必然等于正常增长率。但是在动态经济中，二者却未必相等。这是因为，实际增长率由两部分构成，即正常增长率和周期性增长率。弗赖伊还将时滞因素引入其模型中，从而更准确地反映储蓄与投资的变化对经济增长的实际影响。

第二代麦金农、肖学派盛行于20世纪80年代末90年代中期，代表人物有本斯维格、史密斯、列文、卢卡斯、格林·伍德等。这一时期的金融发展理论对金融机构与金融市场形成机制的解释是从效用函数入手，建立了各种具有微观基础的模型，引入了诸如不确定性（流动性冲击、偏好冲击）、不对称信息（逆向选择、道德风险）和监督成本之类的与完全竞争相悖的因素，在比较研究的基础上对金融机构和金融市场的形成做了规范性的解释。

1. 金融体系的形成

具有代表性的内生金融机构模型解释如下：在本斯维格和史密斯（1991）的模型中，当事人随机的或不可预料的流动性需要导致了金融机构的形成，金融机构的作用是提供流动性，而不是克服信息摩擦。在斯科莱福特和史密斯（1998）的模型中，空间分离和有限沟通导致了金融机构的形成。在该模型中，当事人面临着迁移的风险，因为在迁移发生时，当事人需要变现其资产，从而面临迁移风险。为了规避这一风险，当事人需要通过金融机构提供服务。在杜塔和卡普（1998）的模型中，当事人的流动性偏好和流动性约束导致了金融机构的形成。金融机构的存在使当事人可以持有金融机构存款，作为流动资产的金融机构存款相比其他公共债务和法定货币，在提供流动性服务方面效率更高，可以缓解流动性约束对消费行为的不利影响。

具有代表性的内生金融市场模型包括：Boot 和 Thakor 模型、格林·伍德和史密斯模型。这些模型在给出金融市场的形成机制的同时也给出了金融机构的形成机制。布特和撒克（Boot & Thakor，1997）从经济的生产方面考察，认为组成金融市场的当事人把钱存入金融机构，金融机构再把所吸收的存款贷放出去，从而为生产者提供资金，在金融机构中，当事人进行合作并协调其针对生产者的行动。格林·伍德和史密斯（1997）在模型中指出，金融市场的固定运行成本或参与成本导致了金融市场的内生形成，即在金融市场的形成上存在着门槛效应（Threshold Effect），只有当经济发展到一定水平以后，有能力支付参与成本的人数才较多，交易次数才较多，金融市场才得以形成。

2. 金融体系的发展

金融机构和金融市场形成之后，其发展水平会随国内外条件的变化而变化，一些经济学家从理论上对这个动态发展过程进行了解释。格林·伍德和史密斯以及列文在各自的模型中引入了固定的进入费或固定的交易成本，借以说明金融机构和金融市场是如何随着人均收入和人均财富的增加而发展的。在经济发展的早期阶段，人均收入和人均财富很低，由于缺乏对金融服务的需求，金融服务的供给无从产生，金融机构和金融市场也就不存在。但是，当经济发展到一定阶段以后，一部分先富裕起来的人由于其收入和财富达到上述的临界值，所以受到激励去利用金融机构和金融市场，亦受到激励去支付固定的进入费。这样，金融机构和金融市场就得以建立。随着时间的推移和经济的进一步发展，收入和财富达到临界值的人越来越多，利用金融机构和金融市场的人也越来越多，这意味着金融机构和金融市场在不断发展。

第三代金融发展理论演变成了金融约束论。这是由于发展中国家金融自由化的结果曾一度令人失望，许多经济学家开始对以往经济发展理论的结论和缺失进行反思和检讨。约瑟夫·斯蒂格利茨（Joseph Stiglitz）在新凯恩斯主义学派分析的基础上概括了金融市场中市场失败的原因，他认为政府对金融市场监管应采取间接控制机制，并根据一定的原则确立监管的范围和监管标准。在此基础上，托马斯·赫尔曼、凯文·穆尔多克和约瑟夫·斯蒂格利茨于1997年在《金融约束：一个新的分析框架》①一文提出了金融约束的理论分析框架。

1. 金融约束理论的核心内容

赫尔曼等人认为金融约束是指政府通过一系列金融政策在民间部门创造租金机会，以达到防止金融压抑的危害和促使银行主动规避风险的目的。金融政策包括对存贷款利率的控制、市场准入的限制，甚至对直接竞争加以管制，以影响租金在生产部门和金融部门之间的分配，并通过租金机会的创造，调动金融企业、生产企业和居民等各个部门的生产、投资和储蓄的积极性。政府在此可以发挥积极作用，采取一定的政策为银行体系创造条件鼓励其积极开拓新的市场进行储蓄动员，从而促进金融深化。

2. 金融约束的前提条件

赫尔曼等人认为，虽然金融约束理论从不同方面论证了金融约束对发展中国家来说是合理的金融政策，但金融约束与金融压抑在某些方面还是有相同之处的。金融约束的政策在执行过程中可能会因为种种原因而效果很差或受到扭曲，其中最大的危险是金融约束变为金融压抑。因此，要保证金融约束达到最佳效果，必须具备一些前提条件，如稳定的宏观经济环境，较低的通货膨胀率，适当的实际利率。银行是真正的商业银行，政府对企业和银行的经营没有或仅有很少的干预，以保证银行和企业的行为符合市场要求。

3. 金融约束与金融压抑的不同

赫尔曼等人指出，因为金融约束创造的是租金机会，而金融压抑下只产生租金转移，租金机会的创造与租金转移是完全不同的。在金融压抑下，政府造成的高通胀使其财富由家庭部门转移至政府手中，政府又成为各种利益集团竞相施加影响进行寻租活动的目标，其本质是政府从民间部门夺取资源。而金融约束政策则是为民间部门创造租金机会，尤其是为金融中介创造租金机会，这会使竞争性的活动递增收益和福利。这些租金机会是因存款利率控制造成的存

---

① [美]托玛斯·赫尔曼，凯文·穆尔多克，约瑟夫·斯蒂格利茨.金融约束：一个新的分析框架[M].北京：中国经济出版社，1998.

贷利差而形成的，银行通过扩张其存款基数和对贷款资产组合实施的监控获得了这些租金，由此促进金融深化。

4. 金融约束的效应

赫尔曼等人认为，资本要求虽然也是防止银行发生道德风险的工具，但在发展中国家，存款利率控制比对银行资本控制更为有效。在金融约束环境下，银行只要吸收到新增存款，就可获得租金，这就促使银行寻求新的存款来源。如果这时政府再对市场准入进行限制，就更能促使银行为吸收更多的存款而增加投资，从而增加资金的供给。建立合理数量的储蓄机构，可以吸收更多的存款，金融机构吸引更多的储户是发展中国家金融深化的一个重要组成部分，因此，金融约束可以促进金融深化。

金融约束论是赫尔曼、穆尔多克和斯蒂格利茨等对东南亚经验进行研究后得出的理论思考。东南亚金融危机的爆发使他们又重新审视了金融约束论，并认为这一危机从反面证明了他们的理论。事实上，金融约束是发展中国家从金融抑制状态走向金融自由化过程中的一个过渡性政策，它针对发展中国家在经济转轨过程中存在的信息不畅、金融监管不力的问题，发挥政府在市场失灵下的作用，因此并不是与金融深化完全对立的政策，而是金融深化理论的丰富与发展。

对于先进制造业企业而言，由于其发展处于产业初级阶段，具有比较大的不确定性，其融资行为也就拥有比传统企业更大的风险。对于一个有效的金融市场来说，市场本身具有的定价机制就能够对风险进行定价，从而使得先进制造业的企业获取金融服务的价格已经覆盖了较高的风险水平，覆盖了资金供给者所承担的较大风险。因此，政府应当减少对市场的过度干预，完善金融市场体系，丰富金融工具，从而提高市场的自主定价能力，使得金融资产价格能够匹配先进制造业企业融资活动所面临的高风险，最终引导资金流向先进制造业领域，推动先进制造业企业的发展。

第三节　金融服务先进制造业全过程的作用机制

金融服务在制造业升级过程中发挥着重要作用，与先进制造业的发展有着千丝万缕的关系，那么金融服务是如何作用于先进制造业全过程的？基于相关理论依据，本节首先探讨了金融服务产业转型升级的过程和金融服务制造业升级的过程，然后归纳总结得出金融服务先进制造业全过程的内在机制。

一、金融服务产业转型升级的过程

金融发展对产业升级的作用主要表现在两个方面：一是金融业通过资源优化配置、资金的筹集和风险的分散等促进其他产业的发展，优化产业结构，促进产业升级；二是金融业是第三产业的一部分，它的发展也是第三产业内部结构的优化，金融业的发展可以改变第三产业在经济中的比重，进而促进产业升级。

（一）金融影响资本积累

通过经济内生增长理论，我们得知，金融促进经济的一条基本途径是资本积累的增加。一方面，金融业具有资本筹集、资源配置、交易便利、风险监督管理等特点，可以提高投资的转化率，增加资本积累。另一方面，随着金融水平的提高，储蓄率也日益提高，在投资转化率一定的条件下，又会增加资本积累。此外，资本禀赋还可以为新生产技术和方式提供更大的便利，为产业升级提供丰富的物质基础。本奇文加和史密斯（Bencivenga & Smith，1991）[①]从流动风险的角度，对银行对经济增长和资本积累的影响进行了研究，认为银行通过两种方式促进资本积累：一是分担资本的流动风险，以保证资本投资的稳定性；二是提高资本转化率。圣保罗（Saint-Paul，1992）[②]指出金融业可以通过降低信息获取成本、有效筹集分散的资金等方式增加资本积累，因为金融业在信息获取方面具有明显的优势。普拉巴诺（Pragano，1993）[③]为了研究金融发展与经济增长的关系，从资本积累的角度，在原有 AK 增长模型的基础上构建了引入金融部门的 AK 增长模型。麦金农认为应该减少金融抑制，这样金融才会进一步对经济发挥积极的作用。金融发展可以降低甚至消除个别风险和资本的流动风

① Bencivenga V, Smith B. Finanical Intermediaries and Endogenous Grouth[J]. Review of Economic Studies, 1991, 58(2):195-209.

② Saint-Paul G. Technological Choice，Financial Markets and Economic Development[J].European Economic Review，1992(36):763-781.

③ Pagano M.Financial Markets and Growth[J].European Economic Review，1993(37):613-622.

险，使社会的闲散资金集聚，提高投资转化率，增加资本积累。

但是，由于各种原因，不同行业企业对外部融资的依赖度不同，获取外部融资的能力也有所差异，因此，金融业对不同行业企业的资本积累影响必然会存在差异。贝克（Beck，2002）[①]的研究表明外部融资依赖度比较高的行业在金融业比较完善的发达国家具有比较优势，其更需要金融业发展的支持。格林伍德（Greenwood，2013）[②]研究发现，金融发展对高技术行业的资本积累具有更加显著的作用。总之，在产业转型升级的过程中，资本积累和技术进步都扮演着重要的角色，而这两个因素都受到金融发展的影响。

（二）金融影响技术创新

姜泽华和白艳（2006）[③]认为技术进步可以不断形成新产业、拓展新技术及加速改造旧产业来推动产业结构升级。现代经济中，金融具有保障、促进技术创新的作用，而金融和科技也是当今社会生产力中较为活跃的因素。金融为一项新技术的研发阶段、应用阶段、产业阶段提供大量的资金供给，并且金融市场的流动性供给、风险规避与转移、价格发现等功能为技术创新提供了重要的保障。

1. 金融业的发展满足技术创新活动的资金需求

齐利波蒂和阿西莫格鲁（Zilibotti & Acemoglu，1997）[④]认为正是由于金融的合约安排能筹集到大量的闲散资金，才能够通过多元化的投资，将资本投入回报率较高的项目中去。马斯库斯（Maskus，1997）[⑤]等通过对多个国家的面板数据进行分析，认为国际和国内的金融市场发展对制造业都有显著的影响，金融业可以筹集大量资金，并通过发行债券、提供贷款等方式用于不同行业企业的技术创新。

---

① Thorsten Beck. Financial Development and International Trade: Is There a Link?[J].Journal of International's Economics，2002，57(6):1165-1197.

② Greenwood J，Sanchez J M，Wang C.Quantifying the Impact of Financial Development on Economic Development[J].Review of Economic Dynamics，2013，16(1):194-215.

③ 姜泽华，白艳.产业结构升级的内涵与影响因素分析[J].当代经济研究，2006（10）：341-345.

④ Acemoglu D，Zilibotti F. Was Prometheus Unbound by Chance，Risk，Diversification，and Growth?[J]. Journal of Political Economy，1997(105):709-775.

⑤ Maskus K E，Neumann R，Seidel T. How National and International Financial Development Affect Industrial R&D[J].European Economic Review，2012，56(1):72-83.

2. 金融业的发展降低技术创新的风险

圣保罗（Saint-Paul，2012）[①]认为一般技术专业化越强，风险越高。投资者为了规避风险更倾向于选择专业化低且风险程度小的技术，这样就会出现专业化高的技术存在严重的投资不足的现象。许波轩（Hsu，2014）等[②]研究发现金融体系可以通过将不同的金融工具组合，更加合理地配置技术创新的投资，来解决高专业技术投资不足的问题。

3. 金融业的发展决定了技术创新的发展方向

米哈洛普洛斯（Michalopoulos，2008）[③]提出了一个技术创新与金融发展相互关联的模型，他认为金融市场能够筛选出有创新力的企业，并进行投资，该企业又会增加金融创新活动的回报率，从而构成一个良性循环，促进经济的快速发展。金融机构凭借其特有的信息优势，识别并支持那些最具有创新力的企业来促进技术创新，而金融市场则通过最直接的价格信号将资源分配给高回报、高技术的产业。

二、金融服务制造业升级的过程

制造业升级一般通过调整存量和调整增量两个途径来实现。调整存量是指在一定的总要素投入下，对制造业企业中的资源进行优化配置，提高制造业经济增长的质量。调整增量即扩大规模，具体来说就是通过金融市场的融资功能，使制造业行业的要素和资源投入增加，从数量上扩大制造业规模，进而增加制造业的规模效益。金融业的资金配置功能通过影响资金存量与流量，间接地作用于制造业升级，如图 2-1 所示。

其中，供给导向是指金融体系根据不同行业对资金的需求及其他变化主动改变资金的流向；需求导向是指制造业升级而引起的各个行业对金融资源的需求改变。金融影响制造业升级的渠道有两种，分别是信贷市场的间接融资和资

① Saint-Paul G. Technological Choice，Financial Markets and Economic Development [J].European Economic Review，1992(36):763-781.

② Hsu P H，Tian X，Xu Y. Financial Development and Innovation:Cross-country Evidence [J].Journal of Political Economy，2014，112(1):116-135.

③ Phlip K Robins，Charles Michalopoulos，Kelly Foley.Are Two Carrots Better Than One? The Effects of Adding Employment Services to Financial Incentive Programs for Welfare Recipients [J].Industrial Labor Relations Review，2008(61):410-423.

本市场的直接融资。

间接融资主要通过信贷市场，中介机构是以银行为主的金融机构，通过银行资金聚集和配置功能，使资金在不同行业和企业之间合理地流动，主要包括消费信贷和生产信贷两种方式。消费信贷主要是个人层面，利用个人的未来消费与个人的现在消费的比例关系，来满足行业和企业的融资需求，进而促进制造业转型升级。生产信贷主要是指增量资金的优化配置，保障企业的资金支持，进而促进制造业转型升级。

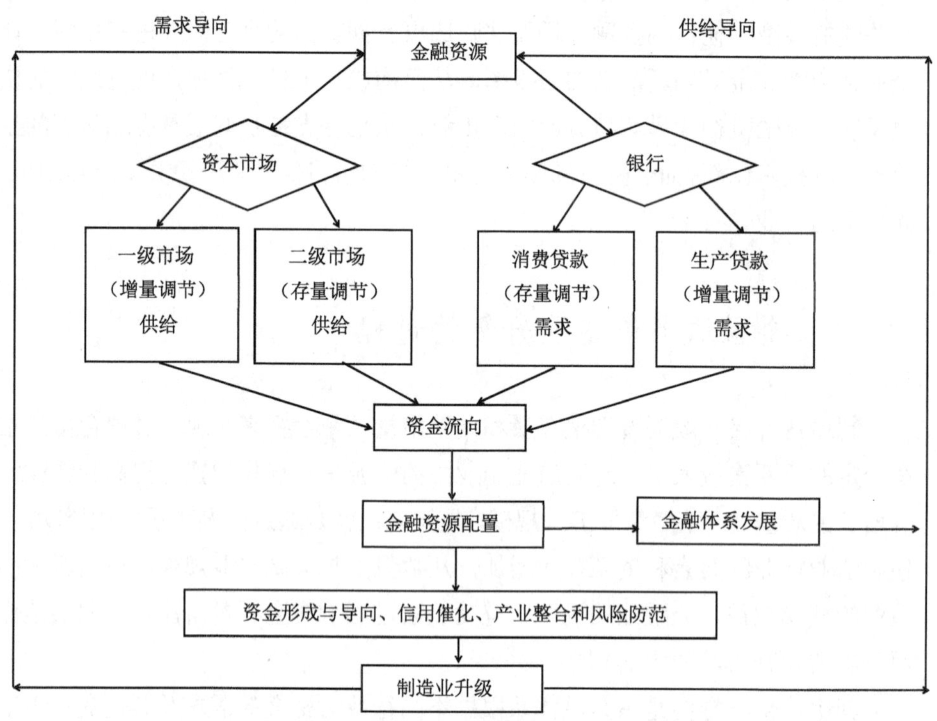

图 2–1　金融资源作用于制造业升级的路径图

资本市场是企业的直接融资渠道，主要是通过证券市场，包括一级市场和二级市场。证券市场中企业通过证券市场筹集资金，资金在市场机制的引导下向着各个行业流动。一级市场是指通过发行证券筹集资金的市场，这样市场中的资本就会流向真正有需求并有发展潜力的行业和企业。二级市场是指通过股权交易使行业和企业资源重新配置的市场，如企业的重组和并购，使产业结构的存量发生变化。金融体系的资金配置功能使高收益与高回报率的企业和行业获得相应的资金支持，使产业在发展过程中结构的调整与需求真正相结合，进而促进制造业转型升级。

三、金融服务先进制造业全过程的过程

总而言之，金融服务是通过以下作用机制来促进先进制造业发展的。

（一）金融服务的资本形成机制

资本形成机制是指银行等金融机构将储蓄者和投资者的资金整合在一起，再通过贷款方式进行再分配，使资金更好地被制造业中的优质企业或行业获取并利用，从而促进制造业升级。因为金融活动的出现，市场经济中密不可分的储蓄与投资独立起来，银行等金融机构作为资金需求者与资金供给者之间的中介机构，解决了信息不对称的问题，使金融资源得到优化配置。

在资金的导向机制下，一方面，商业银行作为以营利为目的的企业，遵循市场竞争机制，合理、客观地评估产业中的项目，使资金最大限度地流向效益高的行业或企业，提高资金的整体利用率。另一方面，政策性金融直接或间接地干预金融市场，运用财政政策、利率等对资金导向起补充作用，引导资金在商业银行竞争的基础上更好地流向高效益的行业或企业，补充利益竞争的市场作用带来的缺陷，引导资金流动的方向。

早期的资本形成理论研究者罗格纳·纳克斯（Ragnar Nurkse）在《不发达国家的资本形成》中提出，“资本形成指的是为了未来生产的扩张，将部分社会现存资源转化为资本存量，即能够扩大生产能力的社会资本。”因此，我们通常将经济社会的资本形成分为三个阶段：首先是储蓄阶段，收入主体在获得收入之后去除掉消费部分所产生的剩余，就是储蓄行为；其次是集中储蓄阶段，相关金融中介机构会将分散在各收入主体的零散储蓄集中在一起；最后是投资阶段，相关金融中介机构可以将集中在一起的储蓄用来投资，从而增加整个社会的资本存量。

由于先进制造业具有发展迅速的特点，所以对资本的需求量和频率较大，又因为资源稀缺、投资回报边际递减规律、资本有机构成等本质因素，资本形成对先进制造业企业的发展至关重要，是推动先进制造业企业蓬勃发展的必要条件之一。具体包括：

（1）由资源稀缺和投资回报边际递减规律可知，伴随着一国（地区）经济不断增长，一国（地区）对社会资源的需求会日益增加，但资源供给数量是一定的，所以必然会因需求过大而导致资源稀缺，进而发生资本形成不足的问题，阻碍先进制造业企业的发展。此外，先进制造业企业发展过程中追加的投资会呈现出边际回报率递减的趋势，所以在有限的条件下，若要达到同等规模的增长，就必须投入更多的资本，完成更大的资本形成。可以看出，资本形成是金融服务先进制造业发展的重要机制，发挥着重大的作用。

（2）由资本有机构成原理可知，资本有机构成的逐步提高带来的结果就是资本的逐步扩张，从而带动技术的进一步创新，而技术创新对于先进制造业的发展有着至关重要的作用。此外，直接投资的规模大小也会影响资本的扩张，对生产技术的创新与产量的增加产生正向的影响。所以，资本有机构成及其直接投资规模也是金融服务先进制造业发展的重要机制。

纵观各国经济发展的历史，一国在推动产业结构转型升级的过程中，都会涉及政府建立与产业结构转型升级相适应的金融支持机制，从而满足产业转型升级过程中对金融服务的需求。金融体系的最基本的资本形成功能可以进一步推动社会资本大规模的形成，从而扩大社会储蓄的供给，提高对先进制造业资金需求的供给能力。

（二）金融服务的资源配置机制

在西方经济学研究中，资源配置是核心内容之一，它指的是经济社会为满足各经济主体的需要对有限的经济资源进行分配与使用。经济社会要不断发展，就要求在资源分配过程中做到合理分配，使各项资源得到最有价值的利用。

在现代经济社会的资源配置过程中，资金是作为核心资源进行配置的，一国或地区经济发展所需的大量资金大部分是通过金融体系进行配置的。金融资本逐步向着高效益、有潜力的行业或企业流动，会使整个社会的资本整体向着高效益、有潜力的行业或企业集聚，而低效益的行业或企业将面临逐步淘汰。同时，高效益的行业企业能够更好地利用自身的资源扩大生产规模，加快实现企业规模效应，进而实现产业结构的调整与优化升级。而金融业对行业与行业之间、企业与企业之间的重组、合作都有重大的影响。换句话说，金融发展在行业间、行业内发挥作用，提高了我国整个产业的竞争力，进而实现制造业的整体升级。

先进制造业企业若要进一步发展，就要求投入足够的资金，而这就要求一个具有资源配置功能的金融体系的存在，在资本持有者进行投资之前，金融体系就能够产生投资与资本配置的信息，从而引导资源流向具有比较优势的行业中，从而推动先进制造业企业的发展。这是由于一方面各种类型的金融机构能够更大效率地获取信息并且降低投资者获取与处理信息的成本，为产业的增长提供所需投资信息；另一方面，完善的金融市场本身也可以促使市场主体主动进行收集、处理信息的工作，从而获得利益。对于先进制造业而言，由于其本身相比传统行业具有优势，因此，金融体系的资源配置功能就会引导资金流向先进制造业，从而推动企业快速发展。

就资源配置方式而言，金融资源配置到先进制造业企业主要通过两种途径：一是市场化途径与管制性途径。市场化途径指的是资源配置过程主要通过市场自身完成，金融体系各构成主体由于其逐利的性质，会对具有成长性的先进制造业领域进行投资，从而承担投资风险，享受投资回报。管制性途径指的是依靠政府力量，运用一定的行政手段，设立一定的制度来引导资金向先进制造业领域进行配置，如进行差异化的利率政策或者提供政策性贷款等行政手段。

随着金融体系的不断发展与进步，出现了越来越多的能够起到优化投资作用的金融产品，金融对于资源配置、经济增长以及产业发展的作用日益明显，这些都能够有力地提高资本对先进制造业领域的配置比例，从而推动先进制造业企业的进一步发展。

（三）金融服务的信用催化机制

经济快速发展加剧了市场竞争的激烈程度，面对这样巨大的竞争压力，制造业要想应用新技术、开发新产品，必然需要长期地投入资本，对于制造业中技术落后的传统产业这一点尤其重要。

金融的信用催化机制是指通过创造信用提高现有资源的利用率，形成更多的可用性金融资源，推动先进制造业发展。信用催化机制使资金不仅流向现在拥有高效益的产业，而且会以资金的增值与返还为原则，流向一些具有一定潜力或者具有扩散效应的高端产业，催化主导产业不断调整更换，形成良性的资金循环，这反映了金融促进制造业升级的调整机制。

同时，信用催生了多种多样的金融衍生品，这些衍生品目前也在我们的生活中扮演着重要的角色，不仅为行业或产业的资金流动提供了更加便利的渠道，同时也提高了行业或企业在制造业升级过程中的抗风险能力。信用催化机制使流入到高效益的优势行业或企业中的资金得到了更有效的利用，改变了产业结构的现有存量，进而实现制造业升级，向先进制造业发展。

（四）金融服务的风险防范机制

金融业活动在获得收益的同时也产生一定的风险。风险管理机制是通过金融的资金筹集和配置来实现金融风险控制的机制。

一方面，金融系统将闲散的资金聚集起来，并通过信贷为企业提供资金。通过间接融资方式获取资金的转型行业或企业一般会获得政策性金融优惠。因此，政府的信用担保降低了行业或企业所承担的风险。通过证券市场进行直接融资的行业或企业，债券股票的持有者数量多，投资风险同样被分散。同时，证券市场的企业信息公开制度，也有利于风险的控制与监控。

另一方面，金融系统将引导资源向高效益、有潜能的行业或企业流动，这些行业或企业的高回报率降低了融资风险。因此，金融风险管理机制尤其需要应用于刚起步、规模还不够大的高新技术产业，以降低先进制造业发展的风险。

（五）金融服务的行业选择机制

由于我国金融市场还不够完善，金融市场存在着“市场失灵”问题，金融市场规模有限，金融市场效率相对偏弱。因此，有必要对我国制造业行业进行选择，使金融资源流向一些支柱性的产业。而先进制造业发展的金融支持可以看作金融资源在制造业行业选择的问题，所谓金融支持制造业的行业选择是指配合财政政策、货币政策，使有限的金融资源按照一定原则流入符合条件的制造业行业，进而促进制造业行业升级。

金融资源选择制造业行业的过程促进了先进制造业的发展。金融资源进入优势行业中，不仅可以增加行业的资本存量，还可以吸引其他资金增加行业的资本流量，对行业的发展起到了重要的作用。金融市场的资金配置作用，可以使高新技术产业得到迅速发展，进而促进先进制造业发展。资本流量的增加还可以扩大行业规模，增加企业的竞争力。金融市场中，投资者会以利益最大化为原则，选择高效率、高收益的企业或行业，带动资金向着优势行业流动，使此类行业迅速发展壮大，从而提高整个行业的素质和水平。金融资源对制造业行业的选择，必然会使大量的优势产业或企业通过筛选保留下来，从而促进先进制造业发展。先进制造业发展是经济结构转型的重要环节，必将极大地促进经济的快速发展。而金融业作为经济中的一部分，其自身的成长与发展必然也会受到经济发展的影响。因此，选择不同的行业进行投资，使金融资源进入优势行业，行业的发展也会对金融资源产生吸引力，二者相互影响、相互选择。

第三章　我国金融服务先进制造业全过程的现状考察

我国先进制造业的发展离不开金融体系的支持。就目前而言，无论是从政府的宏观调控角度，或是从市场的自发行为角度，先进制造业部门与金融部门的融合都处于不断推进的过程中。那么，在此过程中，对我国先进制造业企业发展中的金融支持现状进行分析就十分必要。因此，本部分考察我国制造业企业的发展阶段和发展特征，并结合我国金融服务先进制造业企业发展的现状，分析目前我国先进制造业全过程发展中的金融服务不匹配问题及其成因。

第一节　我国金融服务先进制造业全过程的现状分析

先进制造业发展水平是一国或地区综合实力与经济发展实力的重要衡量指标，对于产业结构转型升级具有十分重要的意义。近年来，我国先进制造业经历了快速发展阶段，取得了突出成就，形成了一批优秀的大型先进制造业企业。然而，我们也应当清醒地认识到，先进制造业领域内企业的发展离不开金融资本的支持，这也成为制约先进制造业发展的一个重要因素。若要推动先进制造业企业的进一步发展，就需要对我国制造业企业的发展现状进行考察，为此后提出推动其发展的措施奠定基础。因此，本部分内容从考察我国制造业企业的发展现状入手，分析我国先进制造业企业发展过程中的金融需求与供给的匹配现状。

一、我国制造业发展概况

自中华人民共和国成立至20世纪90年代，制造业在发展过程中经历了形成阶段与快速成长阶段，逐步形成了以劳动密集型、低附加值的传统制造业为主的格局。20世纪90年代以后，我国将制造业的发展重点转移到产业结构转型升级上来，开始逐步推动我国先进制造业发展。为了更好地考察我国先进制造业的发展现状，我们以制造业的发展为出发点，从制造业对经济的贡献能力和制造业的科技创新能力角度分析我国制造业发展取得的成效和面临的困境。

（一）制造业发展取得的成效和面临的困境

经济创造能力显著增强。2006年，中国制造业增加值超过日本，成为世界第二制造业大国；2009年，中国制造业增加值达110118.5亿元，超过了美国，制造业产值全球第一；2012年，中国制造业增加值约为美国的1.26倍，连续4年位居世界首位。2004—2011年，中国制造业增加值由51748.5亿元上涨到150597.2亿元，年均涨幅为16.5%，制造业增加值占工业增加值的比重稳定在80%左右，占GDP的比重稳定在32%左右，这些数据说明中国制造业的经济创造能力显著增强，制造业的快速发展对中国工业化进程和经济高速增长起到了较好的推动作用。

科技创新能力大幅提升。中国制造业研究与开发（R&D）投入强度有了较大幅度的提升，从2003年的0.55%大幅上涨到2012年的1.32%；2003—2012年，制造业R&D人员全时当量和制造业R&D经费内部支出年均涨幅分别为3.76%和14.59%。制造业是我国创新最活跃的行业，近年来发明专利授权量一直呈现稳步增长的态势，其中，中高技术产品领域更具创新活力。从2010—2015年制造业31个大类专利累计申请量来看，计算机、通信和其他电子设备制造业、化学原料和化学制品制造业、专用设备制造业、通用设备制造业、电气机械和器材制造业、仪器仪表制造业是发明专利授权量最高的6个大类产业，5年累计授权量均超过10万件，是我国专利技术创新能力最强的产业。伴随着制造业科技创新能力的大幅提升，中国正在逐步进入创新能力强国行列。

尽管中国制造业的发展速度令世界瞩目，但仍然处境艰难：第一，中国制造业"大而不强"；第二，中国制造业科技创新能力与发达国家的差距较大。

中国制造业"大而不强"主要表现在以下方面：第一，制造业经济效益的增速低于规模的增速，中国制造业多年来的发展过度依赖资金和能源投入，发展方式粗放，效率低下。发达国家的制造业增加值率一般在35%左右，美国、德国甚至超过了40%，而中国在2011年只有20.6%，2013年甚至更低。第二，中国制造业虽然拥有大量相对廉价的劳动力，但中国制造业的劳动生产率约为美国的13.25%、日本的13.92%和德国的22.64%，虽然中国的劳动力成本较低，但是相对较低的劳动生产率在很大程度上抵消了劳动力的低成本优势。第三，制造业产业结构不合理，高技术装备短缺与低技术产品过剩并存。一方面，作为制造业核心竞争力的高技术装备制造业逐步形成了依赖进口的局面。另一方面，劳动密集型制造业比重较大，高能耗高污染的落后产业依然占相当大的比重，而高新技术产业所占比重明显低于发达国家。

中国制造业科技创新能力与发达国家的差距较大。虽然中国R&D投入强度呈逐年递增的趋势，但是与美国、日本、德国、韩国等制造业发达国家相比还是存在较大差距。例如，2011年，中国R&D投入强度为1.84%，美国、日本、德国、韩国分别为2.77%、3.39%、2.88%、4.03%[①]。同时，中国制造业的研发经费在使用方面与发达国家差距较大。中国制造业的研发经费大都投向资金密集型制造业，真正用于提高制造业核心竞争力的高新技术产业和装备制造业的资金相对较少。例如，2009年中国高技术产业R&D经费占工业总产值的比例仅为1.48%，美国则高达19.74%，中国与发达国家的技术差距相当大。

（二）先进制造业发展概况

总体来看，我国制造业取得了长足发展，但其大而不强的问题始终没有得到很好解决，产业长期处于价值链低端，需要大力发展先进制造业来改善制造业产业结构。对于世界上任何一个国家来说，先进制造业的重要性不言而喻，可以说它的发展情况决定了一国整体的产业竞争力水平和工业化程度。我国先进制造业作为现代工业结构核心，为我国经济发展做出了重要贡献。经过多年发展，我国先进制造业总体发展规模不断扩大，根据中国统计年鉴数据表明，我国先进制造业总产值在2010年已超过2万亿元，其产值占全国工业总产值的34%。截止到2018年7月末，先进制造业主营业务收入达19.94万亿元，占制造业收入的36.99%。

① 国家统计局. 国际统计年鉴（2012）[M].北京：中国统计出版社，2013.

1. 规模发展平稳

根据当前的统计调查体系，中国尚无系统全面的先进制造业发展状况数据，故只能按照先进制造业的定义，选取先进制造技术占比较大的国民经济相关行业的数据进行替代。根据前文对先进制造业的定义，比照中国国民经济行业分类，参考李金华在《中国先进制造业技术效率的测度及政策思考》①一文中的效率测算结果，本书确定了七大先进制造行业，分别为化学原料和化学制品制造业、医药制造业、通用设备制造业、专用设备制造业、交通运输设备制造业、电器装备和器材制造业、电子和通信设备制造业。需要说明的是本书中先进制造业的数据为这七大制造业细分行业的和。

在产业结构经历深度调整的情况下，中国制造业表现平稳增长。据 2017 年国民经济和社会发展统计公报统计：2017 全年全部工业增加值为 279997 亿元，比上年增长 6.4%。规模以上工业增加值增长 6.6%。在规模以上工业中，分门类看，采矿业下降 1.5%，制造业增长 7.2%，电力、热力、燃气及水生产和供应业增长 8.1%。其中，制造业增幅相比工业增加 0.6%，2017 年规模以上工业中，农副食品加工业增加值比上年增长 6.8%，纺织业增长 4.0%，化学原料和化学制品制造业增长 3.8%，非金属矿物制品业增长 3.7%，黑色金属冶炼和压延加工业增长 0.3%，通用设备制造业增长 10.5%，专用设备制造业增长 11.8%，汽车制造业增长 12.2%，电气机械和器材制造业增长 10.6%，计算机、通信和其他电子设备制造业增长 13.8%，电力、热力生产和供应业增长 7.8%。

先进制造业加快成长。2017 年全年规模以上工业先进制造业增加值比上年增长 11.0%。高技术制造业增加值增长 13.4%，占规模以上工业增加值的比重为 12.7%。装备制造业增加值增长 11.3%，占规模以上工业增加值的比重为 32.7%。全年新能源汽车产量 69 万辆，比上年增长 51.2%；智能电视产量 9666 万台，增长 3.8%；工业机器人产量 13 万台，增长 81.0%；民用无人机产量 290 万架，增长 67.0%。2016 年全年规模以上工业先进制造业增加值比上年增长 10.5%，高技术制造业增加值增长 10.8%，占规模以上工业增加值的比重为 12.4%，装备制造业增加值增长 9.5%，占规模以上工业增加值的比重为 32.9%。与 2016 年相比，2017 年先进制造业规模增速平稳增加，先进制造业企业加快

① 李金华. 中国先进制造业技术效率的测度及政策思考[J]. 中国地质大学学报（社会科学版），2017，17（04）：116.

成长[①]。

2. 效益增速回落显著

先进制造业发展的具体经济效益主要可以从利润总额、R&D 经费投入、主营业务收入等多个维度来衡量。为了分析制造业中先进制造业近几年的规模发展状况，本书将先进制造细分行业的发展效益指标相加得到先进制造业的相应指标值，如表 3-1 所示。由于中国国家统计局官网统计口径在 2011 年有所调整，表中数据从 2012 年开始截取。

表 3–1　2012—2016 年先进制造业发展效益情况

年份	R&D 经费（万元）		主营业务收入（亿元）		利润总额（亿元）	
	数值	环比增长率	数值	环比增长率	数值	环比增长率
2012	29070741.5	—	219759.5	—	13588.93	—
2013	34050092.7	17.13%	250229.0	13.86%	15260.92	12.30%
2014	38163579	12.08%	271030.1	8.31%	16089.76	5.43%
2015	40652513	6.52%	284425.4	4.94%	16772.71	4.24%
2016	43197935.5	6.26%	301442.2	5.98%	18665.45	11.28%

资料来源：中国国家统计局官网。

从表 3-1 可以看出，2012—2016 年，我国先进制造业无论是 R&D 经费，还是先进制造业主营业务收入、利润总额均呈上升态势，我国先进制造业创造的效益不断增加，2016 年规模以上先进制造业利润总额达到 1.86 万亿元，主营业务收入利润率达到 6.19%。从研发投入角度来看，主营业务收入中用于 R&D 支出的比重为 1.4%，尚不足 2%，与发达国家有较大差距。从先进制造业发展效益增长率来看，我国先进制造业的 R&D 经费增速自 2014 年逐年下降至 2016 年的 6.26%，主营业务收入增速在 6%以下，与 2013 年和 2014 年相比有较大回落。

3. 产业发展特征

第一，我国先进制造业企业发展过程中产业集群现象明显。2010 年，国务院制定发布了《关于加快培育和发展先进制造业的决定》，该决定明确指出我国经济在未来发展过程中的主导产业应当逐步转向战略新兴产业，其中先进制造

① 国家统计局.2017 年国民经济和社会发展公报[M].北京：中国统计出版社，2018.

业直接涉及制造业，其余六项在发展过程中也都间接涉及先进制造业的发展。地方政府在此之后也逐步重视区域内先进制造业的发展，如浙江省制定的《浙江省制造业基地建设规划纲要》，按照十六大的战略决策，结合浙江省实际，做出了建设先进制造业基地的战略部署。在各项政策的支持之下，我国先进制造业领域内的企业在发展过程中，通过市场自发调节的力量，产生了产业集群，而产业集群又会产生规模效应，从而带动区域内先进制造业企业的进一步发展，最终成为我国先进制造业企业快速发展的重要推动力。就目前而言，我国长三角、珠三角与环渤海等地区已经形成了具有影响力的先进制造业集群。例如，长三角与珠三角的电子信息产业集群、珠三角与环渤海的计算机产业集群。

第二，我国先进制造业企业发展过程中缺乏核心技术。我国先进制造业企业在经历了快速发展之后，虽然在规模上取得了比较大的发展，但是同发达国家相比，我国先进制造业领域内的企业仍然存在技术创新与技术转化能力不足的问题。以先进制造业中的工业机器人领域为例，据 2017 年《专利合作条约》的统计，在工业机器人产业全球重要专利申请人排名前十名的企业中并无我国企业上榜，从侧面反映出我国先进制造业发展同发达国家相比缺乏核心技术。目前我国进出口贸易中，逆差最为显著的就是先进制造业。先进制造业中主机的先进芯片一直都需要从德国与欧盟进口，一些关键的基础零部件包括轴承、液压件与密封件等也依赖国外进口。例如，号称拥有世界海洋石油钻井平台技术最顶尖水平的，并且由中国首次自主设计的“海洋石油 981”，实际上其基础零部件的自主配给率仅为 10%左右。目前中国先进制造业发展与国外发达国家技术差距主要体现在产业零部件组装和机械设备核心发动机技术上，这使得中国的先进制造业在国际市场受制于他国。究其原因，主要还是与我国企业多年来养成的重购买轻研发的短期利益倾向有关，技术授权的方式难以改善我国先机装备设计能力弱、核心技术竞争力差的现象。

第三，我国先进制造业企业在发展过程中缺乏完整的产业链。就目前而言，我国先进制造业领域的企业已经发展形成了一定的规模，但是从产业链角度来看，在我国先进制造业领域内的企业发展过程中，一些核心装备或者核心零部件缺乏原创，存在着过度依赖进口的现象，如在燃气发电与核能发电设备的仪表控制系统领域，我国缺乏原创的控制系统，这就导致了我国先进制造业领域内的相关环节出现了产业链断裂，从而限制了我国先进制造业规模的扩大以及国际竞争力的增强。全国只有为数不多的几家大型先进制造业企业实现了以主机制造厂为发展核心，自上而下全覆盖的产业链。大多数企业在产业的总体规模、经济效益与竞争力上还与国际发达装备制造国存在较大差距，近几年，中国先进电力设备、工程机械与数控机床等主机领域取得了较大的进步，但许多关键配件和相关配套产品仍旧无法满足主机的配套需求，大量依赖进口，这直接导致我国先进制造业产品在进出口时失去价格优势，从而在国际竞争中没有话语权。进口价格的居高不下，也使得国内部分企业由于无法获得所需配件而缩减自身主机的产量。长此以往，极易造成自身发展的恶性循环，对于中国先进制造业的发展极为不利。

二、我国金融服务先进制造业全过程的实际情况

近几年，国内外经济形势错综复杂，新一轮科技革命和产业革命相继发生，世界各国制造业出现新的变革，德国“工业 4.0”和美国“工业互联网”的提出，促使中国主动适应世界经济发展，适时提出“中国制造 2025”战略，大力发展先进制造业，实现制造业升级。作为 21 世纪先进的制造模式，服务型制造具有价值链整合、创新增值的特性，是我国传统制造业转型升级的有效途径①。服务业与制造业的融合发展对带动制造业升级具有重要的作用。制造业与服务业的融合演变②如表 3-2 所示。

表 3–2 制造业与服务业的融合演变

时间	1930 年左右	1930—1970 年	1970—2008 年	2008 年以后
融合状态	融合前	初步融合	高速融合	深度融合
生命周期	萌芽	产生	成长	成熟
组织结构	生产附属单位	生产性服务部门	生产性服务企业	生产性服务企业
要素流向	向生产聚集	部分流向服务	向服务聚集	向生产回流

由表 3-2 可知，可将制造与服务的融合分为初步、高速和深度融合三个阶段。初步融合阶段，传统的产品制造和销售逐步向单一产品服务化转变，生产

① 孙林岩等. 21 世纪的先进制造模式——服务型制造[J]. 中国机械工程，2007,（19）：2307-2312.

② 王玉辉，原毅军.服务型制造带动制造业转型升级的阶段性特征及其效应[J]. 经济学家，2016（11）.

要素开始部分流向服务环节。高速融合阶段，相当于产业发展的成长期，要素向服务聚集，由单一产品服务化向产品组合服务化转变。2008 年以后，随着制造业不断成熟，我国制造业与服务业进入深度融合阶段，生产性服务业的发展渐趋成熟，要素向生产环节回流，服务型制造业兴起。现阶段实现制造业的升级要注重生产性服务业和先进制造业的行动配合，尤其是专业性和针对性的金融资本服务对先进制造业发展各阶段的支持。就我国金融支持先进制造业企业发展的现状来看，一方面，从政府层面我国采取了各种金融支持政策；另一方面，我国金融体系的各构成主体开始逐步进入先进制造业领域。

（一）我国金融政策服务先进制造业发展的现状

为了推动我国先进制造业领域的发展，我国各级政府机关相继推出了各项金融支持政策，旨在推动我国金融部门与先进制造业部门的融合，从而进一步推动我国先进制造业的发展。从国家政府层面到金融监管部门层面都制定并颁布过金融支持先进制造业的相关政策文件，从信贷支持、市场支持以及风险投资支持等方面支持先进制造业企业的发展。

2015 年，国务院正式印发了《中国制造 2025》文件，开始部署推进制造强国战略。在《中国制造 2025》文件中的战略支撑与保障部分，明确提出了应当完善金融支持政策，这其中就包括积极拓展制造业融资渠道，进一步降低制造业融资成本，健全多层次资本市场，引导私募股权投资与风险投资等多次支持制造业向先进制造业发展的金融政策。

在《中国制造 2025》发布之后，金融监管部门也积极探索相关金融支持政策，以支持先进制造业发展。此后，“一行三会”就联合发展改革委等八部委发布了《关于金融支持工业稳增长调结构增效益的若干意见》。该文件旨在进一步推动金融支持制造业转型升级，突破制造业转型升级过程中面临的融资难与融资贵问题，加强资本市场对制造业企业的支持力度，进一步推动制造业企业创新融资机制，从而进一步具体阐述了《中国制造 2025》中关于如何完善金融扶持政策的做法。

2017 年 3 月人民银行、工业和信息化部、银监会、证监会、保监会联合印发了《关于金融支持制造强国建设的指导意见》。该《意见》强调，要创新发展符合制造业特点的信贷管理体制和金融产品体系。合理考量制造业企业技术、人才、市场前景等“软信息”，运用信用贷款、知识产权质押贷款等方式，积极满足创新型制造业企业的资金需求。大力发展产业链金融产品和服务，有效满足产业链上下游企业的融资需求。稳妥有序推进投贷联动业务试点，为科创型制造业企业提供有效资金支持。完善兼并重组融资服务，支持企业通过兼并重组实现行业整合。切实选优助强，有效防控风险。

可以看出，我国关于金融支持先进制造业领域的相关政策处于陆续出台的阶段，出台的政策也更加全面与具体，具有了一定的可实施性。这一系列政策的出台对我国先进制造业企业的发展起到了至关重要的作用，也为其良好的发展奠定了坚实的基础。

（二）我国金融体系服务先进制造业全过程发展的现状

目前，我国金融体系支持先进制造业企业发展的过程已经形成了以银行等金融机构为主导，以资本市场为补充的格局，共同构成了推动我国先进制造业企业发展的主要金融服务供应渠道。与此同时，由于先进制造业企业具有高风险与高成长的特点，投资基金也将成为支持我国先进制造业发展的重要一环。

1. 研发阶段

研发阶段是整个制造业产业链的上游阶段，是最前端的也是制造业初创期最艰难的阶段，对整个产业链的构建有着先导性的作用。制造业的研发不同于一般产业的研究开发，是相对于制造业的制造环节而言的，因而主要指制造业的制造产品的技术开发。

就目前而言，我国主要的与传统行业相适应的信贷模式或单一金融产品无法满足先进制造业领域内企业的金融需求。从先进制造业目前的发展阶段来看，不仅在我国，甚至在全世界范围内仍处于起步发展阶段，在此阶段比较明显的表现就是具有较强的不确定性、较高的风险性与较长的回报期。因此，与其相适应的，应当是区别于传统行业的，不仅具有资金供给功能，还具有筛选项目、培育项目以及风险管理等功能的风险偏好型金融支持，以充分发挥市场机制，实现先进制造业同私募股权投资的良性融合。

股权投资基金对先进制造业企业的支持处于起步阶段。2016 年 6 月，国家发改委、财政部、工业和信息化部牵头发起，联合国家开发投资公司、中国工商银行等其他投资主体共同出资设立先进制造业产业投资基金，首期规模 200 亿元，其中中央财政出资 60 亿元，吸引社会资本投入，采用有限合伙制，按照市场化原则独立运作。资金主要投向轨道交通装备、先进船舶和海洋工程装备、工业机器人、新能源汽车、现代农业机械、先进医疗器械和药品、新材料等市场潜力大、产业基础好且符合产业发展趋势的重点领域。我国政府为支持先进制造业领域内相关企业的进一步发展，主导发起设立了多只股权投资引导基金，从而引导更多社会资本流向先进制造业领域。例如，国投高科与盈富泰克这两家专门从事产业投资的公司就积极与地方政府合作，先后设立了多只创业投资基金。这些国家引导基金的设立可以通过其专业化与市场化的特点，引导社会资本支持先进制造业发展。但是研发产业的发展基金还没有建立起来，私募股权投资对先进制造业企业的支持尚处于起步阶段，新型的金融业务生态尚未形成，私募股权基金和政府引导基金等基金业务还不成熟。

2．中期阶段

先进制造业产业链中的上游阶段分为研发和生产两个阶段，研发完成后再进行小批量生产向大规模制造转化，即中试阶段和商业化阶段。在中试阶段，先进制造业企业的科技成果具有较大不确定性，涉及市场风险和技术风险，仅仅依靠政府和企业的投资根本无法满足研发成果的转化需求，风险投资资本由于其高风险、高收益资本的独特性质，可有效弥补政府、企业资金投入的不足。研发成果进入商业化阶段，技术和市场风险不确定性大大降低，风险投资完成超额利润获取目的后，也逐步退出转化过程，企业自身资金的有限性限制了企业在产业化阶段的投资。技术产品进入大批量生产和大范围市场推广，商业化过程机器设备购置、工作人员招聘、市场销售渠道开拓等发生的生产费用、管理费用以及营销费用等大幅增加，该阶段本身具有巨大的资金需求，这就需要从资本市场直接融资和向追求低风险、稳定收益的金融机构融资。

（1）以银行为主导的金融机构对先进制造业企业的支持现状

我国作为以银行主导金融体系的国家，银行产生的信贷资金势必成为我国经济发展过程中至关重要的融资渠道。就目前而言，我国各种类型各种规模银行都积极响应国家经济转型升级的号召，采取各种方式支持先进制造业的发展。对于商业银行来说，以中国工商银行为例，截至 2015 年末，工商银行针对我国先进制造业贷款余额达到 4000 亿元，同时，工商银行也积极发挥其金融产品丰富的优势，积极为符合国家未来发展方向的先进制造业企业提供配套的相关金融产品。对于政策性银行来说，以国家开发银行为例，国家开发银行与工业和信息化部在 2016 年的 11 月签署了《共同推进实施“中国制造 2025”战略合作协议》，根据协议，“十三五”期间，国家开发银行将为“中国制造 2025”提供总量不低于 3000 亿元的专项融资服务，还提供包括信贷、投资、债券等在内的金融服务。

（2）资本市场对先进制造业企业的支持现状

当前，资本市场对先进制造业企业发展的支持力度日益加大，中小板、创业板与新三板已经成为先进制造业中小企业金融资本市场寻求资金来源的重要渠道。以先进装备制造业为例，截止到目前，中小板与创业板属于先进装备制造业的企业已经分别达到 25 家与 19 家，分别占比为3.52%与5.81%。特别是在《中国制造 2025》文件颁布之后，我国资本市场明确提出支持符合《中国制造 2025》和先进制造业这两个方向的制造业企业在资本市场寻求金融服务。

3. 后期阶段

后期阶段既是产品价值实现的阶段，也是整个制造业产业链的决定性阶段。销售的过程不仅仅依靠企业自身，更多的需要外力的强大、持续的推动，这种强大持续的推动，很大程度上归因于金融服务的推动力量。在当下开放的市场经济环境中，金融市场的逐步放开引进了许多新的金融业务和产品，并且这些金融业务和金融产品也在企业的销售阶段有所吸收使用，对于制造业产业升级也有很大的促进作用。销售水平的提高会促进金融创新需求，而持续的金融创新也会助推企业进一步提高自身营销水平。对于先进制造业产业链中的营销环节，企业常见的金融需求主要包括：融资租赁服务需求、商业票据服务需求、资金信托服务需求、支付清算服务需求等，本节主要以天津市先进制造业的融资租赁服务需求为例进行介绍。

位于天津市滨海新区的天津飞旋科技有限公司（简称“飞旋公司”）是国内首家从事电磁轴承研制的高科技企业，其自主研发的磁悬浮轴承等打破了国外技术垄断，创新成果也得到天津市高新技术成果转化中心的认可，据飞旋公司副总经理蒋颖介绍，飞旋公司是国内唯一一家拥有磁悬浮轴承整体核心技术知识产权并具备跨行业应用能力的企业。

目前飞旋公司刚经历技术准备和应用研发阶段，处于产品推广期，为了快速占领市场，主要采取租赁销售方式。所以不久前，飞旋公司从浙商银行天津分行获得直接授信额度和基于供应链下游企业供应链管控额度达 2 亿元。浙商银行基于飞旋公司特殊的经营模式，为其定制专属合同能源管理方案；飞旋公司在经营过程中向其下游企业出售设备，下游企业利用供应链融资授信向飞旋公司支付设备款，而贷款利息则按一定比例从后续设备使用期间节省的能源费用中支出。这一方案的有效实施，使得位于供需两端的飞旋公司和下游企业，分别免去了先行垫款和一次性大投入的烦恼。所以说，一旦金融机构开发出合适的金融产品，高投入、高风险、无形资产比重过高的高新技术企业融资难问题就会得到一定程度的缓解。

除此之外，金融服务实体经济发展的案例还有很多。工银租赁就紧紧围绕国家“一带一路”建设和企业走出去的投融资需求，积极促进对外经贸往来，大力支持国内航空业的发展壮大。2012 年 12 月，工银租赁首次将中国天津空客总装线总装的 A320 飞机出口海外，租赁给马来西亚的亚洲航空公司运营，实现了中国总装大飞机首次出口。2015 年 3 月，与中国商用飞机有限责任公司（简称“中国商飞”）签署 ARJ21-700 飞机购机协议，全面支持国产飞机“一干两支”的研发、制造、销售和售后服务全产业链。2016 年 11 月，与中国商飞联合发布《关于航空金融助力国产大飞机发展三年行动计划》，助力民族航空制造业发展壮大。

金融支持先进制造业发展，不仅在于单纯的资源倾斜，更重要的是形成创新与企业商业模式融合发展的融资方式，加以风险识别，把握其中的机遇。无论是融资租赁服务还是信托投资服务，抑或是商业票据服务等都是金融业务和营销业务的结合，是一种资本运作手段，在制造业下游的销售售后阶段都占据重要的地位。

第二节　我国金融服务先进制造业全过程中存在的问题及成因分析

在政策的推动之下，我国金融部门与先进制造业部门的融合日益加深，也推动了我国先进制造业的进一步发展。但是，从目前来看，我国金融支持先进造业企业发展仍然处于初级探索阶段，在金融服务先进制造业发展的过程中，仍然存在一些问题，表现为先进制造业发展的金融规模有限、金融结构不合理、金融服务效率仍然较低，具有提升的空间。

一、我国金融服务先进制造业全过程中存在的问题

（一）金融服务先进制造业的规模小

先进制造业金融服务规模即金融资源流向先进制造业企业的总量。由于我国制造业企业以间接融资为主，本书采用贷款总额这一指标来衡量先进制造业金融服务规模。自 2010 年以来，我国金融机构的贷款余额总量稳步上升，贷款增速都在 13.5% 以上，其中投向制造业的贷款规模不断扩大。从投放规模的占比来看，2010—2017 年制造业贷款余额占全部贷款余额的比例都在 18% 左右。从近 5 年的制造业贷款增长率来看，增长速度下降且低于同期的贷款投放总体增速。制造业的长期贷款里，投向先进制造业七大行业的不到一半，2010 年和 2011 年投向先进制造业的长期贷款占比分别为 43.52%和 44.53%，说明制造业贷款大部分流向了传统制造业，先进制造业领域获得的贷款比例较低。可以看出，尽管近年来我国制造业的贷款投放规模增长较快，但是在总体规模、增长速度上，与同期的金融机构人民币贷款投放规模相比还是存在一定的差距，并没有呈现出明显的投放倾向。

第一，银行的高度集中和竞争的不足会导致银行经营活力的丧失和经营效率的低下，信贷资金过多地投放于大型国有企业，使得中小企业融资困难。所以，我国少数几家大型银行占主导的银行市场结构与先进制造业企业构成主体不相匹配，使得先进制造业领域中大量科技型中小企业的金融需求不能得到满足。有报告显示，我国商业银行出于风险规避的考虑，当前阶段的信贷投放仍然集中在传统产业领域，尤其是国有大型银行的信贷投放，有 50%以上的公司贷款分布在公路及运输、房地产、城市基础设施等传统行业领域，且“贷大、贷长、贷集中”情况较为严重，先进制造业领域的信贷投放占比仍然偏低。

第二，政策性银行向先进制造业的资金投向也存在着较大障碍。因为政策性银行一般对投资对象有资质的要求，而先进制造业企业多以科技型中小企业为主，可用于抵押的资产较少，也缺乏有实力的担保。所以，政策性银行对先进制造业的金融服务也以大型企业为主。例如，国家进出口银行通过内外合作、银政合作等途径，在提高制造业项目成功率的同时，为规模较大的企业提供了贷款，这些企业的特点是自身实力比较强，市场占有率较高，产品远销海外；对于中小企业的的贷款，贷款对象主要集中于地方优秀企业，这些企业的市场

前景比较好，自身实力也比较强。

（二）金融结构与先进制造业发展不匹配

中小制造企业运营的所有环节与步骤中都涉及资金链供应的问题，无论是初期的设计产品模型、原材料采购、技术改革创新，还是产品的生产制造、销售渠道的拓展维护、提升终端服务等环节都无一例外。然而，由于中小制造企业在企业规模、管理结构等方面与大型企业间存在一定的差距，这也使得它们在融资体中处于弱势地位，融资需求得不到满足，限制了中小制造企业的发展。

就目前而言，我国金融结构仍然是以银行为代表的间接金融为主，以股票和债券为代表的直接金融仍然占比较低，其中 2016 年为 31.2%，这与先进制造业领域里众多的科技型中小企业构成主体不匹配。在银行主导的金融结构中，银行体系提供的金融服务较多是针对传统行业大型企业设计的，这就导致了先进制造业领域内的中小企业无法得到银行体系提供的大量金融服务，也就导致了我国金融结构与中小先进制造业企业的发展不相匹配。

银行在金融体系中占绝对主导地位，而且大型银行在银行体系中又占据主导地位，与先进制造业领域中众多的科技型中小企业构成主体不匹配。从我国金融体系的结构来看，以银行金融机构为主的间接金融体系占绝对主导地位，我国的金融体系是典型的银行主导型结构。在银行主导型结构下，银行集中了过多的风险，也使很多企业，特别是先进制造业的创新创业型企业在早期阶段很难从银行获得金融服务。而且，作为多层次资本市场底部的场外交易市场建设非常缓慢，这些问题都体现了我国金融结构的不合理性，与先进制造业大量科技型中小企业构成主体严重不匹配，加重了先进制造业发展的金融约束或障碍。

（三）金融服务先进制造业的效率低

就目前而言，我国先进制造业企业发展中的金融支持效率仍然较低，具有提升的空间，其低效率的现状主要体现在以下两个方面。

1. 金融支持先进制造业企业发展的过程中存在市场失灵

先进制造业在我国目前仍然处于萌芽或成长阶段，对于先进制造业领域内的科技型企业而言，其最大的特点就是在金融体系内的信用评价体系尚未完全建立，市场失灵使得该类企业无法与金融资本进行有效融合。从目前情况来看，我国金融支持先进制造业企业发展的过程中存在的市场失灵主要体现在以下两方面：一方面，先进制造业企业的融资需求无法得到满足。由于金融机构自身经营理念、经营历史等因素的影响，金融机构在提供资金的时候，会采取一定程度的歧视政策，从而形成了信贷配给的现象，使得我国先进制造业企业的融资需求无法得到满足，从而对我国先进制造业的发展产生了影响。另一方面，价格管制导致了针对先进制造业企业的金融供给不足。对于一个有效市场来说，市场本身具有的定价机制就能够为风险进行定价，从而使得先进制造业企业的融资价格就已经覆盖了较高的风险水平。但是对于我国而言，利率管制虽然已经基本放开，但是我国金融机构自主定价能力仍然较弱，利率市场化的形成机制仍然不健全，也就意味着我国利率市场客观上仍然存在一定程度的价格管制，使得我国银行体系在发展新兴企业领域的贷款业务过程中缺乏定价空间，从而导致了银行体系支持我国先进制造业领域的动力不足。同时，对于我国股票市场而言，由于在 IPO 过程中，也存在着对上市企业要求过高的现象，从而导致我国一批优秀的新兴企业在海外上市，我国资本市场无法为先进制造业领域内的中小企业提供更加有效的支持。

2. 支持先进制造业企业发展的金融工具较少

我国金融体系发展较晚，就目前而言，大部分金融工具仍然是以吸纳或借鉴西方发达国家金融工具为主，自主创新金融工具的能力较弱。先进制造业企业目前在我国属于新兴领域，在金融体系内能够满足其发展要求的金融工具较少。这主要表现在：一方面，满足我国先进制造业企业发展需求的证券类金融工具较少，投资者无法根据自身对金融工具风险的偏好来进行投资，导致投资者或者资金需求方对银行体系的依赖程度日益加深；另一方面，就银行体系的发展现状来说，我国目前的贷款工具也无法满足先进制造业企业的发展需求，这主要体现在我国银行体系贷款仍然以传统的有形资产抵押贷款为主，这样的金融工具显然无法适应先进制造业企业以无形资产为主的资产结构。

二、我国金融服务先进制造业全过程中问题成因分析

（一）金融服务规模较小的原因分析

1. 政策性融资支持较难落实

现阶段的先进制造产业以中小企业居多，资金短缺是该产业普遍存在的问题，同时较高的系统风险和运营风险也是该产业发展面临的主要问题。因此，

多元化的融资体制对于领域内的企业发展是必要的，它是领域内企业度过艰难期最为重要的保障。但考虑到领域内企业处于发展初期，对其投资的风险大，且其发展存在诸多不确定因素，基金、银行及风投等金融机构均为避免承受较大的风险而不愿对该产业提供金融支持。基于这种情况，政府需要制定有效的金融扶持政策来缓解该产业整体“融资难”问题。例如，通过积极倡导风险投资投向该产业或者成立由政府资金参股的发展基金来支持该产业，进而使该产业信贷融资具有政府政策担保。当前我国先进业发展的制度环境有一定的缺陷，体制并不健全，同时该产业自身发展过程中存在不确定性，前期各要素投入大、风险高，使得该领域的企业，尤其是中小企业，仅仅依靠自身内部积累或者企业、民间融资很难满足融资需求。这个难题就落在了政府的头上，政府应主动出面来承担此项重大任务。但是从具体情况上看，相比其他发达国家，我国在科技方面的金融法规体系并不完善，发展比较滞后，行业相关政策法规比较欠缺。融资渠道多样化要求与政策的非系统性之间存在着执行上的偏差。

2. 银行机构的信贷发放激励不足导致科技成果转化企业难以通过银行贷款获取资金

目前我国以国有商业银行为主的商业银行体系，主要针对国有大型企业、大型项目进行融资支持。从“安全性”来讲，银行优先将贷款投向风险小、有资产担保的项目，对风险较高、收益不确定的科技成果转化企业的贷款意愿不高，这是商业化运作的银行的一种本能的反应。从“盈利性”来讲，出于对产品研发、设计成果及其转化等方面采取保密的原因，科技成果转化企业不愿意让商业银行深入了解其内部情况，这更强化了银行对资金安全性的考虑。“安全性”和“盈利性”的权衡，标示着银行贷款投向这些企业将面临收益和风险的不对称。一旦企业项目开发失败，银行就要承担贷款风险。此外，相对于传统企业来说，科技型制造企业由于成立时间短，管理也不够规范，本身资产总量又不大，可做抵押的有形资产或其他资产更少，使得大部分企业信用等级在 3B 或 3B 级以下。因此，商业银行出于规避风险和自身利益的考虑，不愿意或不愿意更多地对科技成果转化企业发放贷款。

3. 研发行为的特点导致先进制造业企业的融资约束

基于研发行为的特点来看，研发活动是一项研发成本高而收益极不确定的行为，这就决定了以研发为主的先进制造业企业的技术创新必然面临较高程度的融资约束。首先，先进制造业较高的人力资源成本支出以及调整成本的累加使研发活动对外部资金需求极高，从而形成先进制造业企业的融资约束现象。其次，研发活动极高的沉没成本也导致了先进制造业的融资约束现象。这是由于对于企业的研发行为来说，除了研发过程中必要的投入之外，还应当包括收集新技术的信息、调整适应新技术等投入。这些投入总体来说都是不可逆转的，因此，不可逆转的研发投资所创造出来的知识与技术之价值，一旦不能为进行研发的公司所获取，则此前的所有支出都将成为沉没成本。对于先进制造业来说，这种因研发活动而产生的沉没成本包括原创型研发的资源投入、新技术的学习与引进吸收、新技术产业化的前期投入等，因此相对于一般产业来说，研发投入的沉没成本更加庞大。除此之外，其创新产生的知识与技术价值是否可以完全被企业所运用也是未知的，因此先进制造业因研发投入而产生的庞大沉没成本也会导致融资约束现象。最后，研发活动收益的不确定性会导致先进制造业企业的融资约束。研发活动的直接产出是以专利为代表的专业知识与技能，而这些专利因为与发明该专利的企业密切相关，很难在短时间内实现商业化并进行大规模生产和推广，因此这些专利的市场贴现价值不大。研发活动一般都是长期项目，企业对于最终要投入多少精力与资金才能完成每个项目是不确定的，市场对研发活动最终形成新产品与新技术的接受程度，也具有极强的不确定性。因此，基于上述的不确定性，外部资金供应者对是否进入初创型先进制造业企业十分犹豫，从而形成先进制造业企业的融资约束。

（二）金融结构与先进制造业发展不相匹配的原因分析

1. 金融结构不合理

我国以间接金融为主的金融结构与先进制造业企业所需的融资结构不匹配。我国目前的金融体系以间接金融体系为主，而间接金融体系中又以大型商业银行为主，这就造成了其无法满足中小先进制造业企业发展需求的问题。林毅夫、章奇和刘明兴①（2003）针对不同类型金融机构在提供金融服务过程中的成本差异性问题，分析了大型商业银行与中小商业银行相比，是否在提供融资服务的过程中具有比较优势的问题。他们认为，大型商业银行在为中小企业提供融资服务的过程中，单位资金的平均信贷审批成本与风险控制成本都比为大型企业提供融资服务时高，同时，大型商业银行也拥有大量大型企业的业务机会，这就导致了大型商业银行很难与中小企业建立持续且良好的合作关系，所

① 林毅夫，章奇，刘明兴. 金融结构与经济增长：以制造业为例[J]. 世界经济，2003（1）：3-21.

以大型商业银行存在忽略为中小企业提供贷款的问题。最终导致在为中小企业提供融资服务时，大型商业银行与中小商业银行相比，并不具备比较优势。所以，我国目前以大型商业银行占据主导地位的金融结构与先进制造业领域内的中小企业的金融需求是不相匹配的，也就导致了我国先进制造业领域内的中小企业的金融需求无法得到满足。

2. 风险投资服务先进制造业企业的功能发生偏离

风险投资是沟通科技创新与金融资本的重要纽带，是有效缓解先进制造业企业资金约束的手段。与其他金融产品相比，以风险投资为主的股权投资的投资期相对较长，注重被投企业的成长性和自主创新性，大部分活跃在产业前沿，热衷于投资高成长潜力的先进制造业领域。投资种子期、初创期和早期成长阶段的风险企业通常通过风险投资家募集资金，这些风险投资家们具备创业经历和行业知识，会通过指导、战略指引、经验交流等对自己投资的企业进行服务，从而实现长期投资。因此，风险投资能够通过筛选培育、风险管理等功能为目前处于初期发展阶段、以创新为驱动力的先进制造业企业提供融资服务。但是，我国风险投资的投资阶段明显偏向扩张期和成熟期企业，造成后端投资过度拥挤，而前端投资则出现更加严重的融资缺乏。风险投资的这种急功近利行为和投机现象，偏离了其孵化成长型企业的经典功能，与美国等发达国家经典风险投资偏好于初创期的科技型企业的行为具有较大偏差。我国风险投资机构偏好于成熟期企业的原因主要是由于我国风险投资机构多为政府机构，善于驾驭风险的专业人才缺乏、社会信用秩序严重混乱、退出渠道不畅等因素导致的。这种逆向选择使得我国风险投资趋向于一般性的商业投资，弱化了其对成长型先进制造业企业进行筛选培育、长期投资的经典功能，显然不利于处于初期发展阶段的先进制造业企业的培育和壮大。

3. 风险资本的退出机制与投资者保护机制不够健全

一般来说，风险资本成功后主要是采取转让股权与上市两种方式退出，但是中国资本市场制度性改革进程过于缓慢，造成上市艰难，难以满足风险资本快速发展的需求。而股权转让则因为市场的配套基础设施，尤其是投资者保护措施还存在较大缺陷，风险投资者往往面临一些额外的系统性风险，最终使风险投资者对风险产生畏惧而不能真正开展业务。因此，发挥风险投资基金的培育作用，促进新兴产业创新成果转化，推动产业规模增长，实现资产价值增值，加强中国资本市场建设，完善风险资本的退出机制与投资者保护机制是重要的金融发展措施。

（三）先进制造业发展的金融服务效率较低的原因分析

1. 资本市场对先进制造业的服务力度不足

尽管我国多层次资本市场已初步建立，一个由主板、中小板、创业板、场外市场构成的多层次资本市场体系框架发展蓝图已初步形成，但由于存在规模和所有制形式等制度障碍以及场外交易市场建设的缓慢，先进制造业中大量科技型中小企业的上市需求得不到满足。由于现行的股票市场存在规模和所有制形式等制度障碍，各个层次的股票市场板块功能定位模糊，场外交易市场建设缓慢，使得资本市场远不能覆盖或满足大量先进制造业企业的直接融资需求。

第一，股票市场存在规模和所有制形式等制度障碍。我国股票市场在筛选上市企业时依然存在重视大型企业的规模歧视和偏向于国有企业的所有制歧视，这些无形的壁垒显然弱化了资本市场的价值发现、市场筛选和资本配置的市场化功能，切断了现有资本市场与先进制造业企业的联系，导致先进制造业在直接融资上出现资金缺口。

第二，中小企业板和创业板的功能定位模糊。我国中小企业板设立的初衷是为了解决中小企业的融资问题，但是，从中小企业板的实际运行情况来看，中小板主板化明显，其在上市标准方面并不低于主板的要求，企业上市发行的平均规模比该板块的上市基本标准要求高。据深圳证券交易所统计，过去 5 年，中小企业板已上市的 374 家企业发行前的平均规模显著高于发行上市标准的要求。我国创业板的定位是为自主创新企业及其他成长型创业企业服务，但与大多数海外创业板市场相比，发行上市的门槛还是相对较高，对企业规模和成长性仍然有一定要求，使得先进制造业领域中大量的科技型中小企业和成长型企业仍然不能和低标准的股票市场进行有效对接。

第三，场外交易市场建设的进程缓慢。代办股份转让系统作为场外交易市场建设的重要组成部分，也是多层次股票市场体系中的一个低标准市场和后备市场，在理论上应该为不愿意和不够条件到交易所上市的企业提供初级资本市场服务。但是，代办股份转让系统的市场活力和吸引力的缺乏，其规模和本身的功能都受到很大限制，场外交易市场建设的混乱和缓慢使得先进制造业领域中大量中小企业的股权交易需求不能得到有效满足。这既不利于资本市场的健康发展，也阻断了先进制造业企业通过直接融资获得低成本资金服务的通道。

2. 缺乏与先进制造业企业相匹配的金融产品和服务

金融研发阶段的个性金融需求产品的供给匮乏。对于金融产品的创新问题，面对众多新的金融需求，基层金融机构能够提供的主要是贷款、承兑、信用证等传统的信贷业务，即使在信贷业务方面，也未能很好地针对期限、风险和借款人现金流量进行创新。同时，由于风险保障体制和评价体系的陈旧，往往不是过高估计风险而放弃新的市场，就是过低估计风险而盲目冒进。在区域产业带中，面对新的市场需求，金融机构普遍缺乏深入研究，金融工具与服务品种单一。在产品创新上，没有针对产业链上下游企业，没有对应贸易、生产、技术改造等不同经营需要创新金融产品，而是无论客户处于产业链何种环节和出于何种经营需要，均予以传统的流动资金和项目贷款产品支持；在风险识别上，没有结合不同产业的整体特征识别风险，而是习惯于对单一客户的风险识别；在风险控制手段上，没有根据企业研发的总体风险特征和对应现金流、物流，以融资产品组合来分散和控制风险，而是以固化的担保抵押方式控制风险，从而制约了金融对制造业研发的有效支持，阻碍了企业的发展壮大。总之，我国金融组织为研发提供个性化的金融服务产品的能力需要提高。

此外，我国目前的金融产品与服务，多是借鉴西方发达国家的金融产品与服务，原创性的金融技术工具和产品创新较少。就目前来看，我国金融产品与服务尚不能适应先进制造业发展的需求。首先，适应先进制造业特点的信贷产品较为缺乏。一方面，银行以不动产抵押贷款为主的信贷业务显然不符合先进制造业产业的特点，处于技术研发和产业化初期环节的先进制造业企业资产以知识产权等无形资产为主，而我国银行金融机构在信贷投放时主要以不动产抵押贷款为主，需要企业提供有效的固定资产抵押等担保方式，两者的对接显然存在较大的障碍。另一方面，银行信贷结构仍然以传统产业的业务为主，对先进制造业特征的认识和理解还不够深入，信贷产品创新的能力和动力不足。其次，缺乏与先进制造业相匹配的证券类金融产品与服务。从目前来看，先进制造业企业持有证券类金融资产的比重较低，由于金融资产单一，投资者无法根据收益高低、风险厌恶偏好、投资偏好来选择不同的投资工具，银行和企业也缺少投融资选择的空间，从而形成了投资主体对银行信贷的依赖，导致了金融资源的极大浪费。最后，我国适用于早期发展阶段的先进制造业企业的债券产品极为缺乏，限制了初期先进制造业企业的生存与发展。

因此，针对我国金融服务业在推动先进制造业发展全过程中出现的问题，迫切需要针对问题进行详细又全面的因素分析，以促进我国先进制造业的发展。

第三节 影响先进制造业全过程金融服务的因素分析

在中国，总体上说，银行信贷仍然是先进制造业发展的主要资金来源。笔者在研究金融支持先进制造业发展的各个阶段的过程中，以资金的获取和使用为目标，期望建立一个市场、政府以及先进制造业自身能够协调发展的金融支持体系。这不仅需要各大商业银行和金融机构在权衡资产的安全性、收益性以及流动性的同时，为先进制造业产业的发展提供充足的资金支持，更需要先进制造业产业在发展的过程中能够加强自律能力，完善企业发展的透明度，为金融机构的资金注入提供一个良性的投资环境。那么，在金融不断服务先进制造业的各个阶段发展的过程中，影响因素的存在就至关重要。因素的划分有促进和阻碍作用之分，本节将从外部因素和内部因素两方面进行分析。

一、外部因素分析

（一）基于政府管理角度的因素分析

1. 国家产业发展的政策号召

继德国“工业 4.0”和美国“工业互联网”的提出之后，“中国制造 2025”战略应运而生。智能制造、技术创新、产业园区的发展壮大，推动了制造业的质量变革、效率变革和动力变革。政府积极响应国家号召，推出各种政策措施，努力推进金融服务实体经济，转变经济发展方式。除此之外，党的十九大报告中明确提出要深化科技体制改革，建立以企业为主体、市场为导向、产学研深度融合的技术创新体系，加强对中小企业创新的支持，促进科技成果转化。报告还指出，先进制造业是产业核心竞争的集中体现，大力发展先进制造业既是增强我国经济社会可持续发展能力的战略举措，也是构建产业竞争、掌握未来发展主动权的必然选择。这对我们不断提升金融业的整体实力和服务水平、促进经济发展有着重要的指导意义。

2. 财政税收政策的引导

相对于一般成熟产业，先进制造业具有战略性和先进性的特征，因此，先进制造业的发展不仅需要市场机制发挥作用，还需要财政税收政策的支持。从外部性角度分析，先进制造业在研发创新过程中产生的创新收益很难完全被私人企业独占，而经济主体又无法向收益的其他获得者索取补偿或者报酬，从而产生外部经济效果。运用财政税收政策对先进制造业的研发行为加以必要补贴和鼓励支持，可以避免技术外溢损失，保证研发创新的积极性。从市场失灵角度分析，先进制造业的发展涉及多技术、多部门和多地区的分工协作区，存在着相对于传统产业更为复杂的协调问题。出于自身利益考虑，传统产业会针对先进制造业构筑进入壁垒并加以排斥或阻挠，需要政府在全国范围内统筹建立统一规范的财政税收机制，解决地方政府之间、不同监管机构之间客观存在的协调失灵。从产业发展的阶段性和成长性分析，目前先进制造业尚属幼稚产业，在产业发展初期，产值较低，产业内部失衡，处于不平等和脆弱的地位。同时，市场失灵导致生产经验不足、资本市场不完备等私人行为失败，使得先进制造业在发展初期举步维艰并极有可能蒙受损失。在这种情况下，政府采取关税保护、财政补贴等财政税收政策对其加以积极引导和保护，支持其建立起具备长期竞争优势的经济规模，具有极大的必要性和战略意义。

先进制造业具有知识密集和资本密集的特点，面临科技化向商业化转变的艰难跨越，这意味着前期需要巨大的资金投入，盈利点的成长缓慢，所以应加大税收激励政策的力度，切实贯彻好有关增加研发投入、促进科技成果商业化等扶持高技术产业发展的税收政策。把握税制改革的契机，深入研究各税种的特征，多管齐下，既通过上游的自主创新能力激励、中游的企业经营培育、下游的消费方式引导，又从研发、生产、推广、销售等环节着手调动流转税、所得税、消费税、营业税等多税种，使其层次分明、交叉有序，形成系统的、全产业链的激励社会资源支持先进制造业发展的税收政策手段。

3. 产业基金引导作用

政府引导基金是指由政府主导的，为扶持新兴产业领域创业企业发展或推动区域经济升级而设立的，不以营利为目的的专项资金。为充分遵循市场运行规律，增大基金盘量，政府引导基金是以政府为主体，调动金融机构、创投公司和民间资本等多渠道资金，采用债权、股权组织架构而发起设立的专门的投资机构或产业投资基金。政府引导基金的存在能够激活社会各类资本、民间富余资金和国际流动资本的活力，从而发挥杠杆放大效应，使有限的资源实现价值最大化，为先进制造业融通足够多的资金，进而促进先进制造业的快速发展。政府引导基金为国家产业扶持资金的投放提供了可供选择的渠道，基于其良好的联动性、杠杆放大效应、可操作性，极有可能成为未来国家专项基金投放的首选渠道。这将成为培育发展先进制造业企业自主创新能力、解决中小高新技术企业 “融资瓶颈”、支持区域经济发展的重要手段。

除了2016年国家设立的先进制造业产业投资基金外，各地方政府主导设立了一些产业基金，为先进制造业发展引入社会资本。以天津市为例，2017年天津市海河产业基金设立，进一步调动社会资本，优化优质要素的多方配置，促进先进制造业的发展，进而引导天津市金融的支持作用。2018年5月18日，第二届世界智能大会在天津落下帷幕。天津市出台了《天津市关于加快推进智能科技产业发展的若干政策》，设立总规模100亿元的智能制造财政专项资金，以智能制造产业链、创新链的重大需求和关键环节为导向，重点支持传统产业实施智能化改造，支持工业互联网发展，加快智能机器人、智能软硬件等新兴产业培育。

4. 信用担保体系的完善

信用担保业务是低收益、高风险行业，其风险不对称的性质，决定了信用担保是一种准公共物品。经验表明，信用担保是解决先进制造业企业信贷难题的有效方法。但是，从另一个角度来看，信用担保的这种增级行为，是让信用等级不足的企业通过担保机构的担保获得银行授信，担保贷款一旦形成，对担保机构的风险放大是不言而喻的。因此，信用体系的构建应该注意两个基本问题：一是如何有效发挥信用担保在帮助企业提高银行贷款可得性方面的作用，二是如何有效地预防和掌控信用担保实施过程中可能产生的风险。

但是我们也要清楚地认识到，虽然国家的宏观支持政策可以为先进制造业的未来发展提供便捷条件，促进金融服务先进制造业，但是对于制造业发展的各个阶段的金融需求的实际操作来说，仍旧受到其他因素的制约，需要统筹分析各个影响因素。

（二）基于资本市场角度的因素分析

资本市场对发展先进制造业有重要作用。资本市场能够通过提供高效便捷的融资渠道，优化增量资金配置；通过并购重组促进转型升级，盘活存量资源整合；通过透明高效的市场环境，促使企业建立现代化管理机制，提升知名度，增强核心员工凝聚力。

目前，我国已初步形成由主板市场、中小板市场、创业板市场等组成的场内交易市场，以及新三板、区域性股权交易市场等组成的场外交易市场构成的多层次资本市场。2003 年 10 月，十二届二中全会提出要建立多层次资本市场体系，完善资本市场结构，丰富市场品种，推进创业投资和创业板市场建设。2004 年 5 月 17 日，经国务院批准，中国证监会正式批复深圳交易所设立中小企业板市场，为主业突出、具有成长性和科技含量的中小企业提供了直接融资的平台。2009 年 10 月 23 日，在借鉴中小板设立成功经验的基础上，酝酿近 10 年之久的创业板在深圳正式成立，为高科技创新型企业提供了直接融资的渠道。创业板相对主板和中小板而言，在盈利能力、资产结构等方面门槛更低，有利于解决高科技技术企业的直接融资问题。2013 年，全国中小企业股份转让系统（俗称“新三板”）扩容至全国并正式运营，为全国中小微企业提供股权转让融资的服务。截至 2016 年年底，新三板挂牌企业数量增至 11630 家，新三板累计完成股票发行 2725 次，在促进中小微企业快速发展中，发挥着越来越重要的作用。

近年来，我国多层次资本市场建设进入快车道：2013 年 12 月 14 日新三板扩容至全国，多层次资本市场建设取得实质性进展。2014 年 5 月 9 日，国务院印发《关于进一步促进资本市场健康的若干意见》，提出进一步促进资本市场健康发展，健全多层次资本市场体系。2014 年 11 月 17 日，沪港通正式开始实施。2016 年 5 月 27 日，新三板分层方案发布并实施。2016 年 12 月 5 日，深港通正式开通，同时取消沪港通总额度限制。内地与香港地区的证券市场的互联互通，有利于推进我国资本市场的对外开放和国际化，促进我国资本市场的健康发展。一系列重大改革措施、政策的出台，将使得我国资本市场结构和功能不断完善，在服务实体经济中扮演越来越重要的角色。

虽然现阶段我国已经初步构建了多层次资本市场体系，但依旧存在市场结构、证券发行制度不合理，投资者保护力度不足等问题。从市场构成角度而言，多层次资本市场体系中主板（含中小板）主要为大型成熟企业服务，创业板主要为高成长性的中小企业和高科技企业服务，新三板主要为创新型、创业型、成长型的中小微企业服务，区域性股权市场主要为特定区域内企业提供服务。这些板块理论上应该呈“正三角”形态分布，即下层融资企业更多，融资需求更旺盛，而我国资本市场却呈现出“倒三角”的形态分布。2017 年，在沪深交易所首次上市融资（IPO）或增发的金额达2351亿元，而新三板融资仅为1336.25亿元。

各市场构成主体在发行制度、流通制度与监管制度建设方面也都日趋完善。但是，我国中小先进制造业企业通过资本市场来满足其融资需求的过程并不顺利。本书认为，首先，从金融体系构成来看，虽然我国商业银行一般以市场为导向，但就目前的情况看来，为防范金融风险，天津市乃至全国的国有商业银行仍在走“大企业、大项目”的投资路线，而其他众多的中小金融机构资金链不够庞大，也是有责无权、有心无力，这就使得许多中小微先进制造业和相关企业都不能得到有效的资金供给。其次，就资本市场结构而言，以主板市场为主的股票市场，一般向大型、相对成熟的企业倾斜，而中小企业板块和创业板块较高的市场准入条件却阻碍了一些具有潜力的中小先进制造业企业的发展壮大。同时，一般的债券市场针对发行企业债券有许多政策规定，使得资金支持更偏向于国家重点扶持的一些基础设施建设项目。以天津市为例，截至2017年年底，天津市辖区上市公司共有50家，其中以国有资本大集团为主，少部分为大型制造业，而天津市大量的中小微先进制造业企业并未上市。直接融资对产业园区、科技型、创新型制造业企业等的金融支持作用明显不如间接融资，所以主板市场、中小企业板块和创业板块的发展也是支持金融服务制造业的重要因素之一。

二、内部因素分析

（一）基于金融机构角度的因素分析

1. 金融机构信贷资金的分配机制和风控机制

从国内外的研究得知，银行等金融机构的信贷性债务融资是先进制造业企业获得外源性债务融资的首选渠道，同时也是先进制造业企业乐于诉诸的融资途径。而先进制造业企业在获得银行和其他金融机构信用贷款的债务融资时，由于存在信息不对称和抵押物缺乏等问题，使得以安全性原则经营的商业银行和其他金融机构表现出“惜贷”。在企业融资过程中，绝大多数企业的资信水平是较低的，很难满足甚至无法适应现有金融机构信用贷款的评级要求，企业很难提供符合规定的抵押物种或足额抵押物，同时存在抵押物折价过低且贷款数量少的问题，最终导致银行信贷投放缺乏动力甚至“恐贷”。此外，即使达到了抵押品要求或者愿意付出更高的利率成本，很多企业的资金需求仍然无法及时获得满足。信贷资金的分配机制缺乏灵活性，致使先进制造业企业多样化的资金需求无法匹配金融机构信贷资金的供给投放。在企业种子期和初创期，商业银行贷款资金的介入程度很小，随着企业的发展，商业银行贷款资金介入的意愿越来越强烈，这种资金的供给与企业在不同成长阶段对资金的需求也是不匹配的。担保和抵押是金融机构解决信息不对称问题的常规风控机制，财务报表分析和企业历史信用审核并不能为金融机构提供充足的可参考的信贷投放决策信息，但企业提供的资产抵押品或第三方担保却能够使金融机构增强对企业未来偿债能力的信心，推动债务融资的实行。国外理论研究也证实，借款人与贷款人之间存在着不同程度的信息不对称，而抵押和担保能够解决借贷双方逆向选择问题并提高金融机构信贷投放的积极性。在美国信贷市场上，有抵押或担保条件的债务融资占中小企业所获债务融资的九成以上。科技创新企业拥有的资产多以专利技术、非专利知识产权等无形资产的“轻资产”为主，难以达到信贷抵押资产的要求，而且面临的经营风险高于普通企业。因此，其对信贷资金缺乏吸引力也就不难理解了。

2. 金融产品的适用性

先进制造业的发展依赖于完备且有效的融资支持，而这种支持不应仅局限于政府的政策性支持、传统的民间借贷、金融机构的信贷支持以及发行债券与股票，还应包括匹配新兴产业高风险、高投入、高收益的风险投资与一些其他市场创新融资方式等。从当前该产业的融资渠道看，产业内少部分企业的发展依靠将自身储蓄不断转化为投资。其他大部分企业则依靠创业风险投资、政府的政策性支持以及金融机构的信贷支持，而借助发行债券及发行股票筹集资金的企业很少。传统的融资方式也有一些缺陷，如金融工具与品种单一、缺乏创新，这些缺陷使得企业从融资市场中获取的利润有限、获取利润的能力较差。银行方面提供给中小企业的金融产品较为单一，当前主要以贷款、承兑汇票为主，但这些对于先进制造产业来说并不够。中国的银行与发达国家的银行相比，自主创新意识不够，不能及时研发出创新型产品来服务先进制造业，也正因为如此，先进制造业产业在银行融资方面受到了很大的限制。此外，各种金融工具及金融机构主要是以垄断性企业以及风险承受能力较强的国有大中型企业作为服务对象。提供的低风险创新金融产品及工具对于该领域中的大多数企业并不具适用性。商业银行应该根据先进制造产业的特质，量体裁衣，设计出部分与其有关的金融产品。同时银行还需要不断拓展业务范围，调整方向，丰富金融服务种类，如融资租赁、财务顾问、投资理财等，不断研发、推广并发展一批基于知识产权、股权、期权等适用性强的金融产品，同时还应不断加大投入与创新力度，在传统业务的基础上，进一步开发多层次、多元化的信贷产品，进一步提高财务顾问、投资理财以及融资租赁等金融服务水平，不断丰富信用产品体系。自我国提出发展先进制造业的战略口号开始，我国商业银行并没有及时推出具有针对性的贷款工具，先进制造业企业一般借助于银行针对中小企业贷款品种这一平台得到相关支持。银行处理众多中小企业贷款中并没有区分先进制造业企业与非先进制造业，同时贷款手续审批时间长、贷款手续烦琐，而先进制造业企业对资金需求时效性很强，从而错过了发展机会。2010 年起，中国工商银行、中国建设银行、国家开发银行等纷纷开始成立专门团队对先进制造业进行行业分析和行业组合管理。同时一些银行也正在准备陆续推出专门针对先进制造业的信贷品种，部分银行试图合理量化知识产权、信誉等无形资产的担保能力，并推出知识产权质押贷款业务，虽然目前尚不完善。尽管银行根据国家发展先进制造业的产业政策及先进制造业企业自身特点开发出了信贷产品，但多处于初步试验阶段，并不能惠及广大先进制造业企业。我国银行针对先进制造业企业的信贷产品仍然较少、专业服务水平仍然较低。

以渤海银行为例，其不断深化“线上渤海银行”布局，扩大托管银行优势，完善直销银行、交易银行、场景银行和平台银行建设；开展投行和资管产品创新，完善产品服务体系。同时，渤海银行正积极争取在高新技术开发区、自主创新示范区等科技资源聚集区域设立专营机构，全力服务创新创业企业。自 2017 年年底天津市推动投贷联动试点以来，试点银行通过内部、外部投贷联动方式累计为 67 户科创企业投放资金 5.85 亿元，试点成效明显。金融机构不断服务制造业发展的原因，一方面在于贯彻落实党的十九大精神，进一步支持京津冀协同发展；另一方面在于服务实体经济的过程，也是实现自身的转型创新的过程。商业银行寻找具有发展前景和技术创新能力的先进制造业企业，通过控股、贷款、融资租赁等方式，与新兴企业共同成长，这也是推动金融机构不断为先进制造业等企业投放资金支持的主要原因。

综上，银行业可以为先进制造业等科技产业提供丰富的资金资源和专业的金融服务。我国的金融体系长期以间接融资为主导，由此决定了商业信贷在先进制造产业发展中的角色不容小觑。先进制造企业在发展的各个阶段通常都缺乏资本运作、投资理财、市场分析、企业管理方面的人才、信息和经验，而商业银行可以为其提供全方位的金融服务。在众多金融机构中，商业银行具有从事投资咨询、融资理财、项目评估、资本市场运作等方面的优势，因此商业银行与先进制造业等新兴企业在中间业务，特别是投资银行业务上有极广阔的合作空间，中长期贷款融资也是先进制造业在成长和成熟阶段最常用的融资路径之一。但是由于受到风险控制约束、缺乏产业分析能力、服务和产品的创新动力不足等因素的影响，商业银行对先进制造业的信贷支持并没有明显的投放倾向，这些问题亟待解决。

（二）基于企业自身角度的因素分析

1. 企业的自主创新能力和未来发展前景

在我国，由于资本市场发展不成熟，企业普遍面临着融资约束。研发活动是企业重要的创新投资活动，不仅投资金额较大，而且具有较高的经济风险和资金风险，更容易受到融资约束的影响。企业应该科学、合理储备财务弹性水平，以满足研发投资活动的资金需求；在进行研发投资决策时，要综合考虑储备的资金状况、企业与银行之间的关联关系、产权制度背景以及外部经济环境等因素的影响。我国上市企业只有不断增强研发水平，提高自主创新能力，才能走上持续健康的内涵式发展道路。

一直以来，先进制造业的发展受到许多因素的制约，间接阻碍了金融机构的支持服务。主要原因在于，一方面，自主创新能力相对较低，如天津海工装备、食品工业等缺少自主研发的核心技术，制造业标准认证、先进制造等产品与服务不足。众所周知，品牌效应是保障制造业企业盈利能力的重要条件，中国制造业企业习惯于“贴牌”而不熟悉“创牌”。以纺织鞋帽产业为例，大部分国际名牌实际都是中国制造，但由于品牌差异，国内外同质产品价差巨大，这说明企业的自主创新能力有待提升。另一方面，智能化和先进化程度不够高。天津许多企业的生产技术依然处于“工业 2.0”或“工业 3.0”阶段，与制造智能化还有较大差距，如电子信息产业主要业务仍是加工制造，缺乏先进电子信息产品研发。

企业自身的发展前景是决定其获取金融服务的主要原因。2018 年，北京银行天津市分行为天津市的一家生态景观建设公司融资，以知识产权质押发放了 600 万元贷款，还以投贷联动模式与其签署了认股权协议，同时又创新性地为其操作了一笔2000万元的债权融资计划。银行方面的业务人员表示，“我们了解到这家企业拥有多项知识产权专利技术，且有自己的培育研发中心，极具发展潜力，我们乐于与这样的企业共同成长。”金融服务业与先进制造业的融合发展不仅需要相关制度软环境的保障，还需要企业不断提升自身的竞争力，增强硬实力，最重要的硬实力就是技术水平。

2. 研发转化能力

我国先进制造业领域内的企业对于技术研发活动是十分重视的，在经营过程中，研发工作被摆在了十分重要的地位。因此，相较于其他行业而言，先进制造业领域内企业的研发能力是比较强的。因此，中小先进制造业企业在经营的过程中，不应当只注重研发活动，而是应当结合企业自身的条件，合理地开展研发活动。

中小先进制造业企业在研发过程中，应当建立合理的研发体系。这就要求首先应当设立研发部门，由研发部门负责专业研发活动的开展；其次要注重研发人员的培养，一方面要求企业做好人才引进工作，根据自身研发任务的需求引进不同类别的专业技术人员，另一方面要求企业做好研发人员的培训，使得研发人员能够始终具有开展研发活动的能力；最后应当建立合理的绩效考核与激励机制，有效地调动研发人员的研发积极性，从而实现技术的不断创新进步，为企业带来经营利润。我们也应当认识到，就目前科技创新的总体环境而言，任何企业都无法从企业内部研发出新产品或者新工艺所需的全部技术，对于中小先进制造业企业也是如此。因此，中小先进制造业企业在研发过程中应当注重开展合作研发活动，具体包括：企业可以联合先进制造业领域内的其他企业、高校或者研究机构进行合作研发，这样一方面可以提高研发效率，另一方面可以降低企业自主研发所带来的风险，从而达到共赢的效果；企业还可以通过直接引进的方式，从外部获取满足企业日常经营与进一步发展所需的技术成果，在引进的基础之上进行适应性的改进，从而降低企业研发某一项技术的时间成本。

3. 企业并购与企业的财务状况

近年来，世界经济全球化进程不断加快，企业依靠自身内部资源的积累，通过渐进式的成长方式来应对激烈的市场竞争，已经不能满足现实的需要。随着我国资本市场的不断发展和相关法律制度的逐渐完善，企业间的兼并收购活动日益活跃。并购投资已成为企业的一种外延式成长方式，是企业实现战略扩张、资源优化配置的重要手段。就我国的并购历史来看，1993年的“宝延之争”拉开了上市企业并购的序幕，之后的并购事件层出不穷，特别是2007年美国次贷危机之后，由于我国企业产业结构优化调整和转型升级，国内的并购活动掀起了一个又一个浪潮。但从目前市场发展状况来看，我国并购市场仍处于发展初期。无论是与发达国家还是新兴国家相比，并购市场规模仍然相对较小，并购交易额占GDP的平均比例不足3%，远远低于美国10%的比例，从这个角度看，我国的并购市场还有很大的发展空间。并购交易的成败直接关系到并购市场规模的大小，并购活动作为企业的一种外延式成长方式，是企业实现战略扩张、资源优化配置的重要手段。根据信息不对称理论，在不完美资本市场中，外部融资成本高于内部资本成本，企业普遍面临融资约束问题。并购活动交易金额巨大且具有较大的不确定性，必然会受到自身融资能力的影响。

在全球经济发展不景气的当今，国内及跨境并购等方式是工业集群产业链整合的必经之路。在兼并及重组的过程中，杠杆收购融资已经成为该领域内一个成熟有效的途径。杠杆收购融资指的是某家企业想要收购另一家正在进行经营结构调整或资产重组的企业，以被收购企业的现有资产及未来预期产生的收益作为抵质押物，从银行获取资金用于这一收购行为的财务管理活动，通常这种活动是以企业兼并或重组为前提的。这一方法可以很好地解决当前中小制造企业由于产业升级、规模扩张而产生的融资需求。目前来看，收购的方式远比重新成立一家企业更为高效，成本更低。鉴于当前市场经济竞争日趋激烈，企业如果能够通过兼并、整合的方式向集约化、大型化的方向进行转变，那么就可使其经营规模、生产能力得到极大的提升。

并购作为企业的外部投资活动，具有一般投资的共性，也有其特殊性，交易金额巨大且具有不确定性，需要大量的资金储备才能得以实现。财务弹性储备水平对并购决策有正向作用。当企业的财务弹性水平较高时，充足的资金储备可以满足企业并购活动的资金需求，有利于企业做出并购决策，增加并购的频次；而当企业的财务弹性水平较低时，资金储备不足，则会降低企业实施并购的动机和频次。

企业的财务状况不仅对企业并购行为产生重要作用，而且会直接影响到企业的融资能力。银行为企业发放贷款需要关注其众多的财务指标，其中主要包括：财务结构、偿债能力、现金流量、经营能力和经营效益等相关指标。无论是企业贷款还是融资租赁，都需要对企业的财务风险指标进行衡量和考察。金融服务业在选择投资先进制造业的时候，会根据企业的财务指标和运营情况进行审查。因为中小企业在贷款过程中会存在财务风险，那么银行在对中小企业开展信贷业务时，就很有可能由于一系列内部因素和外部因素直接造成银行面临的信贷风险增加，或者是通过对中小企业经营发展造成重大影响进而间接威胁银行的经营安全。企业成长能力反映出一个企业的经营状况，经营状况越好的企业自然会获得更多贷款；企业的抵押担保越多，银行可以通过抵押物或担保人获得足够补偿，其贷款风险越低，这样的企业越能获得更多贷款。因此，天津市的金融机构在对中小微制造业企业进行投资选择时，更看重企业发展过程中的真实财务状况，进而判断企业的资产状况以及发展前景。

4. 企业的内部治理与管理水平

一般认为，公司的内部治理是指有关公司的董事会的功能、结构、股东权利等方面的制度安排，主要是通过股权和债券的比例来衡量。股权集中的企业能够较好地对经理层实行监管，这样的企业很可能会较少地借助负债以实现债务治理。如果企业的成长性好、投资机会多，股权集中的企业能够更为有效地控制管理层，相比股权分散的企业，其应该承担更少的长期债务。

对于天津市先进制造业来说，上市企业所占比例比较少，中小先进制造业、产业园区、大量的科技创新型企业都是通过债务融资的方式获取资金的；对于部分IPO企业，股权融资等直接融资方式也成为绝大部分的资金来源。对于发展前景好且利润充足的企业，可以通过兼并、并购、上市等方式促进企业改变内部结构，吸引更多金融服务业的投资。

此外，企业管理者应转变之前固有的传统思想，积极发掘阻碍企业良性发展的根本因素，结合行业特点、自身规模等，提升自身经营管理、产品质量、售后服务在市场中的竞争力，同时还需对自身的资本积累多加重视，进一步提高内源融资比例，而不仅仅是借助外部融资帮助企业走出发展困境。此外，企业还须通过完善公司治理结构，进行科学决策，努力把经营及融资风险降到可控范围之内；增强创新意识，通过生产技术的更新和创新，降低生产经营成本，进而为市场开拓，包括海外市场开拓创造良好的条件；最后还须严格把控产品质量，提升消费者对企业产品的满意度，进而提高下游客户对产品的忠诚度等。

5. 银企关系

对于企业的研发活动，无论是前期研发阶段还是后期新产品开拓市场都需要长期且持续的资金投入，特别是高新技术的大型项目。而且为了巩固市场、适应新技术的快速发展，还需要对下一代产品进行跟踪和研发，一旦中断后期投资，企业产品将逐渐失去市场竞争力。同时，企业研发投资具有高保密性，资金供给双方存在信息摩擦，再加上低担保价值、高风险、未来收益难等特点，比其他投资项目更难获得外部融资。在我国这样关系主导型的社会中，银企关系作为一种非正式关系机制，通过缓解企业的融资约束促进了其研发投入。首先，良好的银企关系促进了企业与银行之间的信息沟通。一方面，通过私人关系，银行更易获得有关企业目前经营状况、偿债能力及未来发展战略的真实信息，特别是有关研发项目的私有信息；另一方面，具有银行工作经历的高管更了解银行需要哪些信息，可及时准确地将企业的相关信息传递给银行。深层次的信息沟通缓解了银行与企业之间的信息不对称，银行能够更客观地做出贷款决策，为企业研发项目提供更多银行贷款。其次，良好的银企关系增强了银行对企业的信任。面对研发投资的高风险性，银行为了防范企业道德风险，可能会设置更高的贷款条件和贷款利率，而良好的银企关系为企业提供了潜在的信誉和担保，使企业更容易取得银行的信任，这种信任会降低银行对企业的贷门款槛和贷款利率，也会给予更高的信用额度。最后，具有银行工作经历的董事或高管一般具有丰富的银行知识和工作经验，可协助企业制订出更加符合企业需求的贷款计划，并且他们更加熟悉银行贷款审批过程和关注事项，能够帮助企业完善贷款申请材料，尽快通过信贷审批，减少交易成本，提高融资效率。企业的融资和投资行为是财务决策中密不可分的两个重要组成部分，良好的银企关系帮助企业获得了更多的银行贷款，解决了企业融资难的问题，使其获得充足的资金支持研发投资。同时银行贷款资金具有相对稳定性，可降低由于资金短缺引起投资活动大幅度波动或中断所产生的风险和损失，从而增强了企业技术创新的积极性。

6. 资金的使用效率

资本市场不仅可帮助企业筹集资金，而且能够促进金融资源的优化配置，使资金流入效率高的企业。企业通过投入实际生产的过程将金融资本转化为产业资本而实现产出，这体现了企业的资金运营能力，也是决定融资效率的终极环节。如果企业的投资收益低于融资成本，那么即使融资成本再低，融资效率也不会高。例如，企业通过股权融资获得大量资本后，如果对资金没有很好地规划管理，而是通过存放于银行的方式使资金沉淀下来，就会降低资金的使用效率。能够体现企业资金使用率的指标之一是资金周转率，它反映了企业在经营过程中全部资产从投入到产出的流转速度。资金周转率越高，企业的销售能力越强，资金的使用率越高。企业的资金使用率与融资效率呈正相关关系。衡量战略性新兴企业的资金使用率指标除了资金周转率之外，还可通过科技成果转化率来体现。高技术性是战略性新兴企业的特性之一，因此产品的生产不仅仅是数量的要求，更应该体现其技术性。如果企业在投入大量研发费用的同时，生产出的产品没有创新，只是在重复、模仿已有的技术，无法对关键、核心技术进行突破，那么资金在投入产出过程中的使用也是低效率的。

第四章　先进制造业全过程金融服务能力实证分析

广义上的金融服务，是指整个金融业发挥多种功能以促进经济与社会的发展。具体来说，金融服务是指金融机构通过开展业务活动为客户提供包括融资投资、储蓄、信贷、结算、证券买卖、商业保险和金融信息咨询等多方面的服务。增强金融服务意识，提高金融服务水平，对于加快推进我国的现代金融制度建设，完善金融机构经营管理，增强金融业竞争力，更好地促进经济和社会发展，具有十分重要的意义。第二章和第三章分别阐述了我国金融服务先进制造业全过程的理论基础及现状，在此基础上，本章将从现实角度对先进制造业全过程金融服务能力进行实证考察。

第一节　先进制造业全过程金融服务能力指标概述

本节首先明确了指标选取原则，然后从金融结构、金融规模与金融效率三个方面对金融服务能力指标进行阐述。

一、指标选取原则

金融服务能力是一个复杂的概念，对金融服务能力的评估涉及多个方面。本部分拟从科学性、全面性、层次性、可比性以及实用性原则五个方面对金融服务能力指标选取原则进行界定。

1. 科学性原则

科学性原则要求理论与实践相结合，在理论站得住脚的同时，也要能反映评价对象的客观实际情况。进行指标选取时，要以科学的理论作为指导，评价指标体系的基本概念和逻辑结构应严谨、合理，要抓住评价对象的实质，并具有针对性。无论采用何种定性、定量方法，或建立什么样的模型，都必须抓住最重要的、最本质的和最有代表性的东西。指标的选取、划分都应依据经济运行的基本规律，数据的收集和处理都应是真实有效的，要保证评估结果的真实性及可信度。对客观实际抽象的描述越清楚、越简练、越符合实际，其科学性就越强。指标的选取必须建立在科学的基础上，能客观地反映金融服务的真实情况。

2. 全面性原则

评价对象如果需要用若干指标进行衡量，那么这些指标必须是互相联系和互相制约的。指标之间的横向关系可以反映不同侧面之间的相互制约关系，指标之间的纵向关系可以反映不同层次之间的包含关系。就金融服务能力评价指标而言，所选取的指标要尽可能全面地反映金融服务能力，选择的指标覆盖面要广，能涵盖综合反映金融服务能力的各种要素，并从整体上对金融服务能力进行完整评价。具体而言要做到如下两点：首先，指标数量的多少及其结构形式要以系统优化为原则，即以较少的指标（数量较少，层次较少）较全面系统地反映评价对象的内容，既要避免指标过于庞杂，又要避免单因素选择，追求的是评价指标的总体最佳或最满意。其次，评价指标要统筹兼顾各方面的关系，由于同层次指标之间存在制约关系，在选取时应该兼顾到各方面的指标。

3. 层次性原则

层次性原则要求能够区分影响金融服务能力的不同层次的因素，为进一步分析奠定基础。金融服务能力是一个复杂的系统，它可以分成若干子系统，每个子系统又可以分为若干部分，要描述和评估金融服务能力的大小就应该在不同层次上选择不同的指标，进而对金融服务能力进行评估。

4. 可比性原则

可比性指的是在不同时期以及不同对象间进行比较，即纵向比较和横向比较。纵向比较即同一对象在不同时期的比较，评价指标体系要有通用可比性，条件是指标体系和各项指标、各种参数的内涵和外延保持稳定，用以计算各指标相对值的各个参照值（标准值）不变；横向比较即不同对象之间的比较，要找出共同点，按共同点设计评价指标体系。对于各种具体情况，采取调整权重的办法，综合评价各对象的状况再加以比较。对于相同性质的部门或个体，往往很容易取得可比较的指标。就金融服务能力指标而言，其目的之一就是要对一个国家或地区的金融服务能力进行时间和空间的对比，以评估金融服务能力的高低以及变动趋势。

5. 实用性原则

实用性原则指的是实用性、可行性和可操作性。首先，指标要简化，方法要简便。评价指标要繁简适中，计算评价方法要简便易行，即设计不可太烦琐，在能基本保证评价结果的客观性、全面性的条件下，尽可能简化，减少或去掉一些对评价结果影响甚微的指标。其次，数据要易于获取，即评价指标所需的数据要易于采集。无论是定性评价指标还是定量评价指标，其信息来源渠道必须可靠，并且容易取得，否则就会导致评价工作代价太大而难以进行。再次，整体操作要规范。各项评价指标及其相应的计算方法、各项数据都要标准化、规范化。最后，要严格控制数据的准确性。应实行评价过程中的质量控制，即对数据的准确性和可靠性加以控制。

二、金融服务能力相关指标

先进制造业全过程金融服务能力的高低可以从多个角度进行测度，本部分从金融规模、金融结构和金融效率三个方面对先进制造业全过程发展金融服务能力进行分析，并在此基础上对金融服务能力指标进行选取。

（一）金融规模

金融规模是金融服务能力得以实现的基础，金融服务能力在金融需求者享受金融服务的过程中得以发挥。一方面，随着金融需求种类的多样化，要求有不同的金融供给者，因此需要银行和各类非银行类金融机构存在；另一方面，金融需求者通常分布在不同的时间、不同的地点，此时作为金融服务行业的金融部门，应该设法满足它们的需求，即应在不同的地点科学地设立服务机构，并尽量在任意时点为金融需求者提供服务，如设立 24 小时自动存取款机等。要实现这一目标，具备一定规模的机构数量和从业人员就显得非常必要，因为其关系到金融服务能力能否得到良好的发挥。毫无疑问，在一个缺少金融资源的地区，金融服务能力必然受到制约。资金多寡反映了区域金融资源的稀缺程度，故金融资产规模作为金融规模的一部分，能够在一定程度上反映金融服务能力的大小。

金融规模包括各类银行和非银行类金融机构发放的融资额和金融业部门在一定时期内通过提供金融服务创造的国民财富的价值总量。其中，前者可近似以社会融资规模代替，后者可近似以金融业增加值代替。

具体而言，社会融资规模是指一定时期内实体经济从金融体系获得的资金总额。这里的金融体系是整体金融的概念，从机构看，包括银行、证券、保险等金融机构；从市场看，包括信贷市场、债券市场、股票市场、保险市场以及中间业务市场等。社会融资规模主要由三个部分构成：一是金融机构通过资金运用对实体经济提供的全部资金支持，主要包括人民币各项贷款、外币各项贷款、信托贷款、委托贷款、金融机构持有的企业债券及非金融企业股票、保险公司的赔偿和投资性房地产等，但不包括银行业金融机构拆放给非银行业金融机构的款项和境外贷款。二是实体经济利用规范的金融工具，在正规金融市场，通过金融机构信用或服务所获得的直接融资，主要包括银行承兑汇票、非金融企业境内股票筹资及企业债的净发行等。三是其他融资，主要包括小额贷款公司贷款、贷款公司贷款等。社会融资规模各项统计数据来源于人民银行、证监会、保监会、中央国债登记结算有限责任公司和银行间市场交易商协会等部门。社会融资规模主要由以下几个方面组成：一是人民币贷款，包括当地的金融机构向非金融企业、机关团体、个人以贷款合同、票据贴现、垫款、贸易融资等形式提供的人民币贷款。二是外币贷款，指当地金融机构向非金融企业、机关团体、个人以贷款合同、票据贴现、垫款、贸易融资等形式提供的外汇贷款。三是委托贷款，指由企事业单位、个人及政府等委托人提供资金，由当地的金融机构（即贷款人或受托人）根据委托人确定的贷款对象、用途、金额、期限、利率等代为发放、监督使用并协助收回的贷款。2015 年 1 月起，国家对委托贷款统计制度进行了调整，将委托贷款划分为现金管理项下的委托贷款和一般委托贷款。社会融资规模中的委托贷款只包括由企事业单位及个人等委托人提供资金，由金融机构（即贷款人或受托人）根据委托人确定的贷款对象、用途、金额、期限、利率等向境内实体经济代为发放、监督使用并协助收回的一般委托贷款。四是信托贷款，指当地信托机构通过资金信托计划募集资金向境内非金融性公司或个人发放的贷款。五是未贴现的银行承兑汇票，即银行为企业签发的全部承兑汇票（金融机构表内表外并表后的银行承兑汇票）扣减已在银行表内贴现部分。六是企业债券融资，指由非金融企业发行的各类债券，包括企业债、中期票据、短期融资券、中小企业集合债、公司债、可转债、可分离债等。七是非金融企业境内股票融资，指在本地注册的非金融企业通过境内正规金融市场进行的股票融资，包括 A 股股票首发、公开增发、现金型定向增发、配股、行权筹资以及 B 股筹资（不含金融企业的相关融资）。八是投资性房地产，指金融机构为赚取租金或资本增值，或者两者兼有而持有的房地产。九是保险公司赔偿，指在当地的保险公司在保险合同有效期内履行赔偿义务而提供的各项金额，具体包括财产险赔款、健康险赔款和意外伤害险赔款。十是其他方面，主要指在当地的小额贷款公司、贷款公司向非金融企业、机关团体、个人以贷款合同、票据贴现、垫款、贸易融资等形式提供的人民币贷款。

金融业增加值这一国民经济核算指标反映了国民经济体系中金融业部门在一定时期内通过提供金融服务创造的国民财富的价值总量。另一个与金融业增加值相关联的重要派生概念是金融业增加值占 GDP 的比重（简称金融业增加值比重）。一般认为，金融业增加值反映了金融业的相对规模，二者共同反映了金融业在国民经济中的地位和金融业发展程度。

（二）金融结构

一国的金融总体主要包括金融机构（银行、证券、保险、信托、租赁等）、金融市场、各种信用方式下的融资活动、各种金融活动所形成的金融资产。金融结构是国家金融系统内部各种构成要素间相互影响和相互作用的结果，包括金融组织、金融工具、金融商品价格、金融业务活动等的组合，金融资产的规模与结构分别体现了金融体系“量”与“质”的特性。

金融结构理论由耶鲁大学教授戈登·史密斯于 1969 年首次明确提出。戈登·史密斯认为，金融发展的实质即为金融结构的演变。其著作《金融结构与金融发展》于 1969 年正式出版，引起了巨大反响，至今关于金融结构的研究仍层出不穷，也源于其为金融发展的研究做出的突出的贡献。在其著作中，戈登·史密斯提出了一系列衡量金融结构的指标，其中金融相关比率（financial Interrelations Ratio，FIR）的影响最为深刻。戈登·史密斯指出，所谓金融结构，即是金融发展的具体表现形式，指的是某一国家或地区的金融工具与金融机构的总和，金融结构的状况主要体现在二者的规模及流量等，即金融结构是指构成金融总体的各个组成部分的分布、存在、相对规模、相互关系与配合的状态。

戈登·史密斯开创性地提出了金融结构理论，第一次明确提出了金融结构的概念。受限于时代和研究工具，其研究结论存在一定的争议，但研究的方法和思想给予了后来学者极大的启示。戈登·史密斯的金融结构理论引起了学术界对于金融结构的持续关注，而后许多学者对金融结构的概念进行了延伸和扩展，学术界也涌现出了许多关注金融结构的研究（周莉萍，2017）①。有关金融结构概念的研究相对较早，国内许多学者在戈登·史密斯的金融结构理论的基础之上，对金融结构的定义和范围进行了扩展。李茂生（1987）②是我国较早研究金融结构的学者，他提出应将金融业从业人员的数量规模比重等纳入金融结构的研究。王兆星（1991）③则认为应将金融主体的关联和宏观金融管理机构等都纳入金融结构的研究之中。方贤明（1999）④和刘仁伍（2002）⑤提出研究金融结构应将制度因素考虑在内，将金融市场和金融制度体系都纳入金融结构概念中。白钦先（2003）⑥将金融结构的定义分为广义和狭义两类，狭义的金融结构包括戈登·史密斯提出的概念及其本人提出的金融倾斜及逆转。他认为短期金融与间接金融以及直接金融与长期金融之间，存在一种显著的不平衡发展关系，而且后期随着经济的整体发展，这种不平衡关系会出现逆转，直接金融的迅速发展将占据更大的比重。广义的含义就相对更加全面，不仅包括国内的金融资产、金融商品和虚拟经济等，不同国家地区之间的对比关系也可视为金融结构。此外，白钦先（2005）⑦的后续研究指出，金融倾斜及其逆转是金融结构演变以及金融发展的最核心的一种结构演变，该演变将带动金融结构内包含的其他各类指标的相关变动。李健和贾玉革（2005）⑧将金融开发结构也纳入了金融结构的指标体系中。林毅夫等（2009）⑨将金融结构概括为金融体系内部多种不同金融制度的安排比例和相对构成。

综上所述，金融结构状况是影响金融服务能力的重要因素。按照众学者对

---

① 周莉萍. 金融结构理论：演变与述评[J]. 经济学家，2017（03）：79-89.

② 李茂生. 中国金融改革略论[J]. 财贸经济，1987（10）：20-26.

③ 王兆星. 完善信用体系，促进金融市场的协调发展[J]. 金融教学与研究，1991（01）：12-15.

④ 方贤明. 居民收入分配体制与储蓄投资机制[J]. 财贸经济，1999（04）：22-27.

⑤ 刘仁伍. 金融结构健全性和金融发展可持续性的实证评估方法[J]. 金融研究，2002（01）：101-107.

⑥ 白钦先. 论以金融资源学说为基础的金融可持续发展理论与战略——兼论传统金融观到现代金融观的变迁[J]. 广东商学院学报，2003（05）：5-10.

⑦ 白钦先. 金融结构、金融功能演进与金融发展理论的研究历程[J]. 经济评论，2005（03）：39-45.

⑧ 李健，贾玉革. 金融结构的评价标准与分析指标研究[J]. 金融研究，2005（04）：57-67.

⑨ 林毅夫，孙希芳，姜烨. 经济发展中的最优金融结构理论初探[J]. 经济研究，2009，44（08）：4-17.

金融结构的研究可知，该结构至少包括各种金融机构的构成、金融工具的种类、金融市场结构与融资结构等。首先，随着金融机构的多元化，金融结构也在不断完善，因为不同的机构通常履行着不同的功能，所提供的服务也不尽相同，金融机构越多元化，能够提供金融产品和服务的种类就越多、数量就越大，就越能够更好地满足各类经济主体对储蓄、投资及其他金融服务的需求。其次，随着金融体系的多层次化，筹资者和投资者选择的余地增加，他们更容易实现自己满意的投资组合。再次，金融工具既是多元化金融机构体系和金融市场体系的体现，也是机构与市场功能和作用发挥的现实载体，因此随着金融工具种类的日益丰富，金融服务能力必然增强。最后，服务于先进制造业全过程的金融结构指在制造业的整个产业链的不同环节，各种金融机构提供不同金融工具和服务的状况，下文将做出具体分析说明。在产业链的上游，即产前部分，具体包括研发环节、设计环节以及研发、设计成果的转化应用环节，金融服务主要是发挥资本性金融服务功能——以资本的方式促成技术创新成果的生成及其转化。在这一阶段，风险型的金融服务组织充当了主力，其提供的主要服务产品或业务包括天使投资、风险投资、私募股权投资、政府引导基金等各种股权性的投资基金等。此外，风险型的金融服务组织在资本市场的场内的二板市场或创业板市场（我国称为创业板市场）以及场外的三场中，也提供了相关的服务。

在产业链的中游阶段，金融服务的基本功能是促成生产要素的“黏合”。在此基础上，金融服务还要促进服务型制造的各种具体模式的生成，并贯穿到整个产业链当中。在这一阶段，由于产品正在转入规模化生产，贷款（以及各种变相形式或创新形式的贷款）等货币性的金融服务明显增加，商业银行等保守型的金融组织开始较大规模地介入并逐步占据主导地位。与此同时，资本市场中的主板市场能够通过发股、发债等直接融资的方式在很大程度上满足先进制造业融资的需求。

在产业链的下游，即产后部分，营销运作、渠道建设、品牌打造成为中心工作，金融服务当然也要围绕这一中心任务进行。在这一阶段，货币性的金融服务和资本性的金融服务“携手”发挥整体功能——货币性的金融服务倾向于支持产品产业化、商业化的基础性建设；而资本性的金融服务则着重通过并购重组、资源整合来使这一基础性建设更加巩固、完善或上一个新的层级。针对这一阶段性的特点，货币性的金融服务创设了大量的产品和业务来强化渠道及品牌建设；而资本性的金融服务则通过资本市场的一级市场、二级市场的渠道，发挥对渠道、品牌资源的塑造、再造、聚合等功能。此外，保险在现代社会的经济发展中的功能也日益凸显，实际上，在制造业的整个产业链中的各个环节，保险服务是根据不同的情况，不同程度地介入的。

（三）金融效率

经济学将效率定义为达到帕累托最优状态，我国学者从多个角度对金融效率内涵进行界定：王广谦等学者将金融效率看作一个产业，考虑到金融要素投入对经济发展的作用；白钦先首次提出将金融视为一种资源，郑旭进一步认为金融效率就是让金融资源达到帕累托最优；沈军将资源看作一个系统，强调了动态和静态的金融效率。

进一步分析金融效率的层次，大部分学者从宏观和微观的角度来分析金融效率，其中微观金融效率的研究主体是银行、证券机构、保险等金融行业，具体研究这些主体如何提高资本利用率。而宏观金融效率的研究对象是整个经济体，即一个国家或地区作为一个经济体，其金融资源通过金融中介和金融市场投放到实体经济的效率。无论是宏观金融效率还是微观金融效率，它们之间的作用是相互的，一方效率的提高必然会带动另一方增长。微观层面的金融效率侧重金融机构如何改善其经营管理以更好地为企业、个人提供金融服务，宏观层面的金融效率则研究如何提高一个国家或地区的储蓄动员能力、储蓄投资转化能力和投资投向能力。因此，笔者认为研究一个国家或地区的宏观金融效率更为重要。

许多因素会对金融效率产生影响，因此产生了许多不同的指标评价方法，总结学者们所运用的研究方法，常见的有因子分析法、层次分析法、数据包络分析法和灰色关联度分析法。

1. 因子分析法

因子分析法于1904年由查尔斯·斯皮尔曼（Charles Spearman）提出，该统计方法适用于多元统计的降维处理，也就是将原先多个变量用少数几个公共因子来替代，换言之，因子分析法在原始变量之间相关性基础上进行分类，不同类别之间相关性较低，但同一类别内原始变量有较强相关性，划分的类别称为公共因子，公共因子可以最大限度地反映原始变量所表达的信息。

2. 层次分析法

层次分析法（The Analytic Hierarchy Process，AHP）于20世纪70年代初由

美国匹兹堡大学的萨蒂教授提出，AHP 首先归纳出对于决策问题的有关因素，将这些因素以目标、准则、方案等类别进行分层，接下来运用定性和定量的方法得出每一层因素对上一层中某一因素的优先权重，将这些权重再加权求得对总目标的最终权重，结果最大的为最优决策方法。

3. 数据包络分析法（DEA 法）

数据包络分析法，是一种线性规划模型，通过线性规划对具有多投入和产出指标特性的决策单元进行效率评价，评价结果用投入产出比来表示，适用于具有相同性质的部门和单位的评价，通过输入输出数据的观察值结果判断是否有效，多用于对微观效率的评价。

4. 灰色关联度分析法

灰色关联度分析法是灰色系统理论中一种重要的分析方法，也是一种可用于研究多因素问题的分析方法。运用灰色关联度分析各因素中所包含的样本数据，主要观察因素之间关系强弱、大小、次序，从方向、大小、速度等方面观察各因素变化态势，如果两个因素间变化态势大致同步，可以判定两者之间有较强的关联度；如果态势呈现不同的趋势，则表示两者之间关联度较低。

三、先进制造业全过程的指标选取

制造业是国民经济发展的支柱，先进制造业更是在传统制造业的基础上，不断融合先进技术和新兴科技而形成的现代新型工业，其与第一产业、第三产业，尤其是金融、信息、服务等行业的发展紧密相关。本书将制造业划分为 3 大类：劳动密集型、资本密集型和技术密集型，并且对先进制造业进行详细的界定。我国先进制造业的涵盖范围目前大致由两部分构成：一部分是传统制造业吸纳、融入先进制造技术和其他高新技术尤其是信息技术后形成的新产业，如数控机床、先进海洋工程、先进航天、先进航空等；另一部分是新兴技术成果产业化后形成的新产业，具有基础性和引领性特征，如增量制造、生物制造、微纳制造等[①]。本书研究的我国先进制造业是按照行业划分的，大致分为 7 大类：化学原料及化学制品制造业，专用设备制造业，通用设备制造业，医药制造业，电器机械及器材制造业，通信设备计算机及其他电子设备制造业，铁路、

① 中华人民共和国中央人民政府网，http://www.gov.cn/。

船舶、航空航天及其他运输设备制造业。

了解了先进制造业的具体涵盖范围后，接下来对先进制造业的发展进行微观衡量和判定，这也是本节研究的重点。先进制造业发展既指先进制造产业与其他产业（多指生产性服务业）之间的战略合作关系，又指先进制造产业内部各具体产业（或其集群）之间的内在联系以及某具体产业内部各个环节之间的内在联系①。通常我们研究先进制造产业内部的整合问题时多对产业链和价值链进行分析。根据产业链的基本流程，先进制造业在其发展的过程中需要经历不同的阶段，市场的考察、技术的研发、原材料的购买、产品的生产、销售渠道的分析、产成品的销售和售后服务时效等均是其价值实现的具体流程。这条完善的产业链为企业提供从产品研发到营销服务的全方位支持，活跃了上下游的整个活动，贯穿于研发、生产、销售、售后等各个环节之中。对不同阶段的先进制造业的发展程度进行衡量时，需要构建不同的微观指标判定。先进制造业全过程阶段的具体评估指标见表 4-1。

表 4–1　先进制造业全过程阶段的指标汇总

目标层	阶段划分	影响指标
先进制造业全过程阶段的指标汇总	市场分析和新产品开发阶段（价值形成）	R&D 经费支出
		技术改造经费支出，引进技术经费支出，消化吸收经费支出
		有效发明专利及申请
	投入生产和产品销售阶段（价值实现）	新产品销售收入，主营业务收入
		营业利润及增长率
		工业增加值
		投入产出率

如表 4-1 所示，为保持研究指标的连续性，本节在进行指标选取时，将先进制造业的发展阶段即价值链发展过程划分为两大阶段：上游阶段和下游阶段，即市场分析和新产品开发阶段（价值形成）、投入生产和产品销售阶段（价值实现），并介绍不同阶段的各个影响指标，根据不同指标的影响程度，从中选取显

① 姚奇富，熊惠平.制造业能级提升的金融服务研究：宁波制造业发展新探索[M].杭州：浙江大学出版社，2011.

示性指标进行实证分析。

（一）市场分析和新产品开发阶段的指标选取

市场分析和新产品开发阶段是先进制造业产业发展过程中的上游阶段，又称为前期阶段。在此阶段，进行市场监测、观察分析以及提高研发科技水平是企业发展的重中之重。随着信息技术的进步，市场需求不断发生转变，国家内外部环境及资源的变化都会影响先进制造业未来的发展方向、过程和结果，所以对受众市场进行调查和深入挖掘是十分重要的。同时，新产品的开发制造是投入生产前的关键步骤，新产品开发既包括新产品的研制，也包括原有的老产品的改进与更新，需要通过独创、引进、结合和改进四种方式进行研发培育。因此，在先进制造业的发展过程中，研发阶段是凝聚智慧和财富的阶段，生产阶段是效率提高的阶段，销售阶段是价值实现的阶段，在不同阶段要根据其具体发展特征选取相应的指标进行分析。本书根据市场分析和新产品开发阶段的价值深化流程，介绍如下微观指标，并选取影响程度最大的指标进行详细分析。

1. R&D经费支出

一般来说，R&D经费支出在先进制造业的市场分析和新产品开发阶段的作用是最显著的，也是最全面的，包括实际用于研究与试验发展活动的人员劳务费、原材料费、固定资产购建费、管理费及其他费用支出，通常我们用R&D经费支出统计年度内全社会实际用于基础研究、应用研究和试验发展的经费支出。本书将先进制造业划分成七大行业进行研究，搜集七大行业的 R&D 经费支出（累计值），以恰当地反映在市场分析阶段，为了获得关于现象和可观察事实的基本原理的新知识（揭示客观事物的本质、运动规律，获得新发展、新学说）而进行的实验性或理论性研究的付出成本，以衡量先进制造业在此阶段的技术创新实力。

2. 技术改造经费支出、技术引进经费支出和消化吸收经费支出

这三大经费支出是在R&D经费支出的基础上进行的细化。其中，技术改造经费支出指的是企业在报告年度进行技术改造而发生的费用支出，部分要计入企业研究与试验发展经费支出中；技术引进经费支出指的是企业在报告年度用于购买国外技术，包括产品设计、工艺流程、图纸、配方、专利等技术材料的费用支出；消化吸收经费支出指的是企业在报告年度对国外引进项目进行消化吸收所支付的经费总额，包括人员培训费、测绘费、参加消化吸收人员的工资、工装、工艺开发费等，部分也要计入企业研究与试验发展经费支出中。这三个

指标一般用于衡量先进制造业的技术禀赋水平，但是它们在衡量先进制造业研发阶段的科技转化潜力和技术发展潜力时，不如 R&D 经费支出的作用显著和全面，可以作为细分变量进行一定程度的介绍。

3. 有效发明专利、发明专利申请

发明专利数额是部分先进制造业在研发阶段的成果展示，也是其在研发阶段的价值体现之一。申请发明专利的技术既可以是为某一学科或某一技术领域带来革命性变化的开拓型或开创型发明，也可以是在现有技术基础上加以局部的改进和发展的改进型发明。在党的十九大提出“加快建设制造强国，加快发展先进制造业，推动互联网、大数据、人工智能和实体经济深度融合”“着力加快建设实体经济、科技创新、现代金融、人力资源协同发展的产业体系”等目标之后，先进制造业积极发展，科技投入水平逐渐加大，科研潜力不断增强，发明专利申请数日益增多，有效专利总量也逐年提升。但是并非所有先进制造业的研发阶段都有专利作为成果凭证，技术的提升、方法的改进、资金的运转都是考量研发阶段的凭证，进一步说明了有效发明专利和发明专利申请指标的局限性。因此，为使数据更加全面准确、作用更明显，本书仍会将 R&D 经费支出作为衡量市场分析和新产品开发阶段的显示性指标，并将其他指标作为参考进行实证分析。

（二）投入生产和产品销售阶段的指标选取

投入生产和产品销售阶段是先进制造业产业发展过程的下游阶段，又称为后期阶段。这个阶段主要包括生产前的准备、产品生产过程以及产品销售实现。通常产品在投入生产前需要进行一系列的生产技术准备活动，如生产文件的准备、原材料和机器设备的准备、人员工装和运输的准备、资金的准备等，这是产品顺利生产的前提条件，对于产品价值的实现有着至关重要的作用。然后进入产品生产过程，即从原材料投入到成品出产的全过程，一般可以将生产过程分为物流过程、信息流过程和资金流过程，这是产品价值实现的关键步骤。在生产过程中，效率的提升、资金的充裕、信息的对称等因素都是直接衡量先进制造业产品质量优劣的关键因素。最后是产品销售的实现，这会对整个制造业产业链的构建产生检验性的效应。通过产品的销售，实现商品到货币的转换，一方面可以通过产品的市场接受度来检验价值创造是否成功，另一方面也关系到下一轮价值创造的持续进行。因此，销售阶段既是产品价值实现的阶段，也是整个制造业产业链的决定性阶段。同时，先进制造业不断提升服务能力也是其保持高速发展、提升发展质量的一个重要方式。可靠周全的售后服务可以给顾客带来真正的安全感，能切实提高顾客的满意度，进而形成对品牌的忠诚，从而时刻促使企业保持活力。本节根据此阶段的价值产出流程，将逐一介绍对下游阶段有所影响的微观指标，并选取其中的显示性指标进行详细分析。

1. 新产品销售收入或主营业务收入

一般在研究行业发展问题上，收入指标是最重要的，也是最常见的，对于行业发展的影响也是最大的。新产品销售收入是指企业在主营业务收入和其他业务收入中销售新产品实现的收入。之所以选择新产品，是因为它可以体现企业自行研制开发、采用新技术原理、新设计构思研制生产的创新，具有一定的先进性和新颖性。据不完全统计，截至 2018 年年中，全国规模以上工业企业和高新技术企业中的七大先进制造业的新产品销售收入突破 12 亿元，比 2017 年增长 15%①。新产品销售收入的不断增长，收入增长率的稳步提高都体现了企业成长状况和自身发展的良好。主营业务收入是企业从事本行业生产经营活动所取得的营业收入，包含新产品销售收入，一般在企业的主要经营活动中作为重要衡量指标，比新产品销售收入衡量的范围更加广泛，也更具有代表性，本节基于此选取其作为显示性指标进行后续分析。

2. 营业利润、利润增长率

在企业的利润表中，营业利润是重要的利润指标。营业利润是指企业从事生产经营活动中取得的利润，是企业最基本经营活动的成果，也是企业在一定时期获得利润中最主要、最稳定的来源。一般包括主营业务收入扣除营业成本、营业税金、期间费用等，同时包括营业外收入和支出且不扣除所得税的利润，可以用来衡量企业在一段时期的经营成果。利润增长率体现企业的发展水平和发展趋势，可用于衡量企业未来发展状况，是重要的财务指标之一。但是由于其包含营业外收支，同时扣除了营业税费，在衡量先进制造业企业的投入生产和产品销售时，会存在一定程度的不准确性，主营业务、兼营业务和其他业务等会使得数据虚增，所以本节对此进行一定程度的介绍，并未直接使用。

3. 工业增加值

先进制造业的工业增加值指的是工业企业在生产过程中新增加的价值，是以工业企业报告期内的工业生产成果为核算标准的，也是对新产品的核算方式

---

① 国家统计局, http://www.stats.gov.cn/。

之一。截止到 2018 年 8 月，规模以上工业企业中先进制造业的工业增加值累计增加到 476.6 亿元，远超上年同期增长幅度[①]。对于工业企业来说，建立增加值的统计可以反映工业企业的投入、产出和经济效益情况，为改善工业企业生产经营提供依据。

4. 投入产出率

一般来说，企业的投入产出率是指投入资金与其所创造价值之间的关系，是反映投资效果的指标之一，又称为投入产出比。这个指标可从侧面反映制造业企业募集资金时预计的项目收益或者收益率，也是企业前景预示的重要信号之一。在生产销售阶段，投入产出率的高低并非像主营业务收入和营业利润一样直接反映企业销售状况和目前产品的市场份额，反而间接地反映企业产品的发展前景和未来投资评估。在先进制造业发展的两大阶段上，收入和支出的指标更加明显和直观，而投入产出比更适用于整个行业的前景预测，这与本书研究的问题不相符合，所以只对其进行一定程度的介绍。

结合上文先进制造业全过程阶段的指标汇总，我们选取 R&D 经费支出指标和主营业务收入指标作为衡量先进制造业市场分析和新产品开发阶段、投入生产和产品销售阶段这两大阶段发展的显示性指标，并在下文进行详细的实证分析。

第二节　先进制造业全过程金融服务能力的实证分析

本节首先对实证中所需变量进行了界定并说明了数据来源，继而运用 Eviews 7.0 对先进制造业发展过程的两个阶段分别进行回归分析，最后结合回归结果对模型的经济意义进行了阐述并得出结论。

一、计量模型选取及实证思路

在实际经济问题中，一个变量往往受到多个变量的影响。例如，在金融对

① 国家统计局, http://www.stats.gov.cn/。

先进制造业全过程服务能力时，先进制造业发展水平除了受整体制造业发展状况影响外，还受金融规模、金融结构以及金融效率等多种因素的影响，即表现在线性回归模型中的解释变量有多个。故本节拟采取多元线性回归模型对先进制造业全过程服务能力进行实证分析。

（一）多元线性回归模型的一般形式

多元线性回归模型的一般形式为：

$$Y=\beta_0+\beta_1X_1+\beta_2X_2+\cdots+\beta_kX_k+\mu \qquad (1)$$

其中 k 为解释变量的数目，β_j（j=1，2，…，k）称为回归系数（Regression Coefficient）。人们习惯上把常数项看作一个虚拟变量的参数，在参数估计过程中，该虚拟变量的样本观测值始终取 1，这样模型中解释变量的数目为 k+1。

上式也被称为总体回归函数的随机表达形式。它的非随机表达式为：

$$E(Y|X_1，X_2，\cdots，X_k)=\beta_0+\beta_1X_1+\beta_2X_2+\cdots+\beta_kX_k \qquad (2)$$

可见，多元回归分析是以多个解释变量的给定值为条件的回归分析，上式表示各解释变量 X 值给定时 Y 的平均响应，又称为偏回归系数（Partial Regression Coefficient），表示在其他解释变量保持不变的情况下，X_j 每变化一个单位时，Y 的均值 E(Y)的变化，或者说给出 X_j 的单位变化对 Y 均值的“直接”或“净”（不含其他变量）影响①。

如果给出一组观测值$\{(X_{i1}，X_{i2}，\cdots，X_{ik}，Y_1):i=1，2，\cdots，n\}$,则总体回归模型还可写成如下形式:

$$Y_i=\beta_0+\beta_1X_{i1}+\beta_2X_{i2}+\cdots+\beta_kX_{ik}+\mu_i \qquad (3)$$

一般在给出总体中的一个样本时，可估计样本回归函数，让它近似代表未知的总体回归函数。

（二）多元线性回归模型的基本假定

为了使参数估计量具有良好的统计性质，对多元线性回归模型可做出若干基本假设。

假设 1：回归模型是正确设定的。

假设 2：解释变量 X_1，X_2，…, X_k 是非随机的或固定的，且各 X_j 之间不存在严格线性相关性（无完全多重共线性）。

假设 3：各解释变量 X_j 在所抽取的样本中具有变异性，而且随着样本容量

① 李子奈，潘文卿.计量经济学[M]. 北京：高等教育出版社, 2015.

的无限增加，各解释变量的样本方差趋于一个非零的有限常数。

假设 4：随机误差项具有条件零均值、同方差及不序列相关性。

假设 5：解释变量与随机项不相关。

假设 6：随机项满足正态分布。

与一元线性回归模型的假设相比，假设 2 是多元回归模型所特有的，该假设要求多个解释变量间不存在严格的线性相关性。假设 3 同样是为了使估计量有良好的大样本性质以及避免时间序列中可能出现的伪回归问题；假设 5 也并非是必需的，不过只要假设 4 中随机误差项的条件零均值假设成立，假设 5 一定成立。

（三）多元线性回归模型的参数估计

多元线性回归模型参数估计的任务有两项：一是求得反映变量之间数量关系的结构参数的估计量；二是求得随机干扰项的方差估计。多元线性回归模型在满足假设 1～6 的情况下，可以采用最小二乘法、最大似然法或者矩估计法估计参数。

值得一提的是，矩估计法是工具变量方法和广义矩估计法的基础。矩估计法的关键是利用了基本假设 $E(X'\mu)=0$ 作为总体矩条件。如果某个解释变量与随机项相关，只要能找到一个工具变量，仍然可以构成一组矩条件，这就是工具变量法。如果存在大于 $k+1$ 个变量与随机项不相关，可以构成一组包含大于 $k+1$ 个方程的矩条件，这就是广义矩估计法。

（四）多元线性回归模型的统计检验

多元线性回归模型的参数估计出来后，即求出样本回归函数后，还需进一步对该样本回归函数进行统计检验，以判定估计的可靠程度，包括拟合优度检验、方程总体线性的显著性检验、变量的显著性检验，以及参数的置信区间估计等方面。

1. 拟合优度检验

一是可决系数与调整的可决系数检验。在多元线性回归模型中，可用该统计量来衡量样本回归线对样本观测值的拟合程度。总离差平方和可分解为回归平方和与残差平方和两部分。回归平方和反映了总离差平方和中可由样本回归线解释的部分，它越大，残差平方和越小，表明样本回归线与样本观测值的拟合程度越高。因此，可用回归平方和占总离差平方和的比重来衡量样本回归线对样本观测值的拟合程度。此比重越接近于 1，模型的拟合优度越高。

在应用过程中发现，如果在模型中增加一个解释变量，难度往往增大。这是因为残差平方和往往随着解释变量个数的增加而减少，至少不会增加。这就给人一个错觉：要使模型拟合得好，只要增加解释变量即可。但是，现实情况往往是，由增加解释变量个数引起的增大与拟合好坏无关。因此，在多元回归模型中比较拟合优度，就不是一个合适的指标，必须加以调整。

在样本容量一定的情况下，增加解释变量必定使得自由度减少，所以调整的思路是将残差平方和与总离差平方和分别除以各自的自由度，以剔除变量个数对拟合优度的影响，记为调整的可决系数。在实际应用中，模型通过检验没有绝对的标准，要看具体情况而定。模型的拟合优度并不是判断模型质量的唯一标准，有时甚至为了追求模型的经济意义，可以牺牲一些拟合优度。

二是赤池信息准则和施瓦茨准则。为了比较所含解释变量个数不同的多元回归模型的拟合优度，常用的标准还有赤池信息准则（Akaike Information Criterion，AIC）和施瓦茨准则（Schwarz Criterion，SC）。这两个准则均要求仅当所增加的解释变量能够减少 AIC 值或者 SC 值时才在原模型中增加该解释变量。显然，与调整的可决系数相仿，如果增加的解释变量没有解释能力，则对残差平方和的见效没有多大帮助，但待估参数的个数增加，这时可能导致 AIC 或 SC 的值增加。

2. 方程总体线性的显著性检验（F 检验）

方程的显著性检验，旨在对模型中被解释变量与解释变量之间的线性关系在总体上是否显著成立做出推断。

从以上拟合优度检验中可以看出，拟合优度高，解释变量对被解释变量的解释程度就高，可以推测模型总体线性关系成立；反之，就不成立。但这只是一个模糊的推测，不能给出一个在统计上严格的结论。这就要求进行方程的显著性检验。方程的显著性检验所应用的方法仍是数理统计学中的假设检验。

方程显著性的 F 检验即检验模型如下：

$$Y_i=\beta_0+\beta_1X_{i1}+\beta_2X_{i2}+\cdots+\beta_kX_{ik}+\mu_i \qquad i=1，2，\cdots，n \qquad (4)$$

式中的参数 β_j 是否显著不为 0 即可得出经济含义。

3. 变量的显著性检验（t 检验）

方程的总体线性关系显著不等于每个解释变量对被解释变量的影响都是显著的。因此，必须对每个解释变量进行显著性检验，以决定其是否作为解释变量被保留在模型中。如果某个变量对被解释变量的影响并不显著，应该将它剔除，以建立更为简单的模型。变量显著性检验中应用最为普遍的是 t 检验。

二、变量定义及样本数据来源说明

在运用计量模型进行实证的基础上，我们进一步对显示性指标变量进行选取。本节的被解释变量有两个，分别为在规模以上工业企业、高新技术企业等制造业中挑选的七大先进制造业的 R&D 经费支出和主营业务收入，上一节的指标选取中已经详细说明，它们将分别作为先进制造业产业发展的上游阶段和下游阶段的代理指标。本节的核心解释变量有三个：社会融资规模、直接融资与间接融资之比以及先进制造业利息支出与总负债之比，分别作为金融规模、金融结构与金融效率的代理指标。

（一）被解释变量

本节的被解释变量之一为 R&D 经费支出（全社会研究与试验发展经费指标），用以衡量先进制造业产业发展的中上游阶段——研发阶段的价值。R&D 经费支出一般包括实际用于研究与试验发展活动的人员劳务费、原材料费、固定资产购建费、管理费及其他费用支出，通常我们用 R&D 经费支出统计年度内全社会实际用于基础研究、应用研究和试验发展的经费支出。本节所用 R&D 经费支出数据来源于 wind 数据库，为消除量纲影响，对 R&D 经费支出数据做相应的对数处理。

本节的另一被解释变量为主营业务收入（新产品销售收入），用以衡量先进制造业产业发展的下游阶段——投入生产和产品销售阶段的价值。数据来源为 wind 数据库，为消除量纲影响，本节同样将其对数化。

（二）主要解释变量

本节的主要解释变量之一为社会融资规模，用作金融规模指标。金融规模是金融服务能力得以实现的基础。金融资产规模作为金融规模的一部分，从侧面反映了金融服务能力的大小。囿于数据的可得性，本节选取全社会融资规模作为金融规模的代理指标，所用数据来自《中国统计年鉴》及 wind 数据库。为消除量纲影响，对数据进行对数化处理。

本节的另一主要解释变量为直接融资与间接融资之比，用以反映金融结构。金融结构状况是影响金融服务能力的重要因素。按照众学者对金融结构的研究可知，该结构至少包括各种金融机构的构成、金融工具的种类、金融市场结构和融资结构等。考虑到数据可得性，本节拟借鉴大多数学者的做法，采用直接融资与间接融资之比作为金融结构的代理指标，所用数据来自《中国统计年鉴》及 wind 数据库。为消除量纲影响，对数据进行对数化处理。

本节第三个主要解释变量为金融资源投入产出效率。金融效率是金融服务能力的直接体现，本节的金融服务效率指将金融投入作为影响制造业企业发展的一项内生因素，考察先进制造业企业的产出水平。囿于数据的可得性，本节采用先进制造业利息支出与总负债之比来作为金融效率的代理指标，所用数据来自《中国统计年鉴》及 wind 数据库。为消除量纲影响，对数据进行对数化处理。

三、实证检验过程

本节运用计量经济软件 Eviews 7.0 进行实证检验，搜集中国先进制造业 2006—2016 年 11 个观察期的时间序列数据。首先将数据对数化，进行平稳性处理；然后通过单位根检验和协整检验以保证序列的稳定性和准确性；最后根据先进制造业产业发展的价值链过程，分阶段建立多元线性回归模型进行研究分析，具体过程如下所示。

（一）市场分析和新产品开发阶段实证检验

市场分析和新产品开发阶段是先进制造业产业发展的中上游阶段，也是价值形成的阶段，本节选取 R&D 经费支出指标，即全社会研究与试验发展经费指标，用以衡量研发阶段的价值体现。同时将金融服务能力的衡量划分为金融规模、金融结构和金融效率，并作为重要解释变量。但是经济数据，尤其是时间序列数据，在进行实证研究之前都要进行平稳性检验，以保证模型的准确性和严谨性，所以本节进行单位根检验，以考察经济变量是否具有时间趋势，并且在同阶单整的基础上协整检验，观察变量之间是否存在长期稳定的关系。最后通过具体的模型进行实证分析，用以研究金融服务能力的基本指标在当下经济环境约束下，与中国先进制造业发展之间存在的长期或短期关系。

1. 单位根检验

由于研发阶段的 R&D 经费支出指标和金融服务能力指标均为时间序列

数据，所以首先应对序列数据取对数，取对数的好处在于可将间距很大的数据转换为间距较小的数据；然后通过分变量逐个检验的方式进行单位根检验，通常来说，单位根检验方式有很多种，本节选取适用范围最广的 ADF-Fisher 检验法，判定研发阶段先进制造业发展能力、金融规模、金融结构和金融效率是否具有单位根。检验模式有三种：既有趋势又有截距、只有截距、以上均无。秩序有三种：水平（Level）、一阶差分、二阶差分至高阶。但是在进行具体的检验之前，首先要分别观察子数据的时序图，以查看其是否具有明显的截距和趋势，如图 4-1 至 4-4 所示。

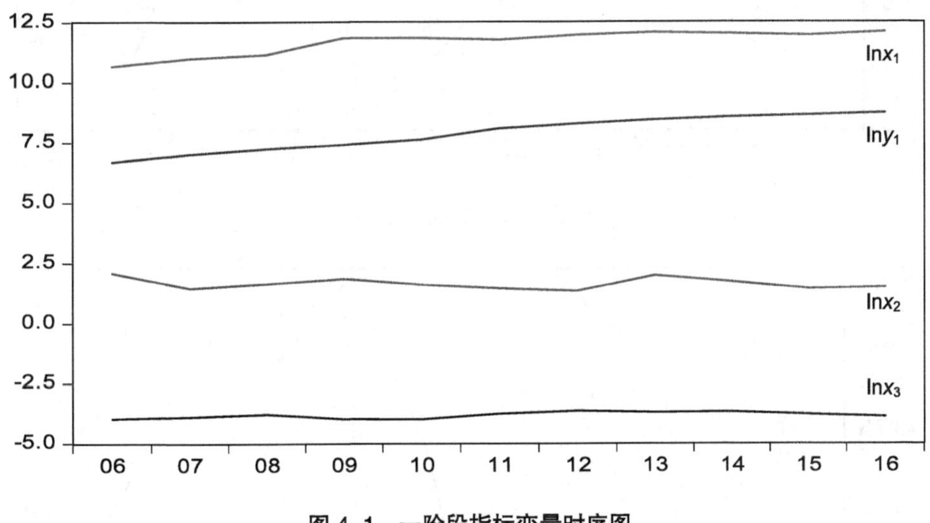

图 4–1 一阶段指标变量时序图

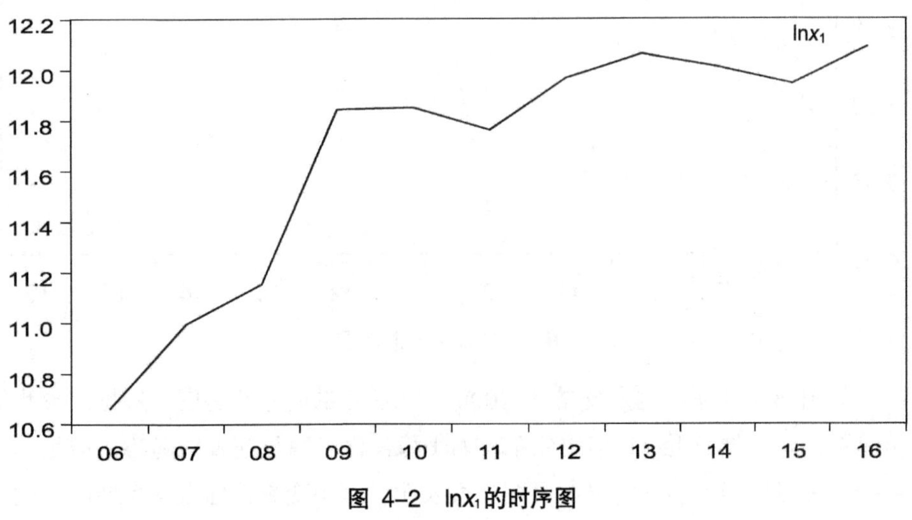

图 4–2 $\ln x_1$ 的时序图

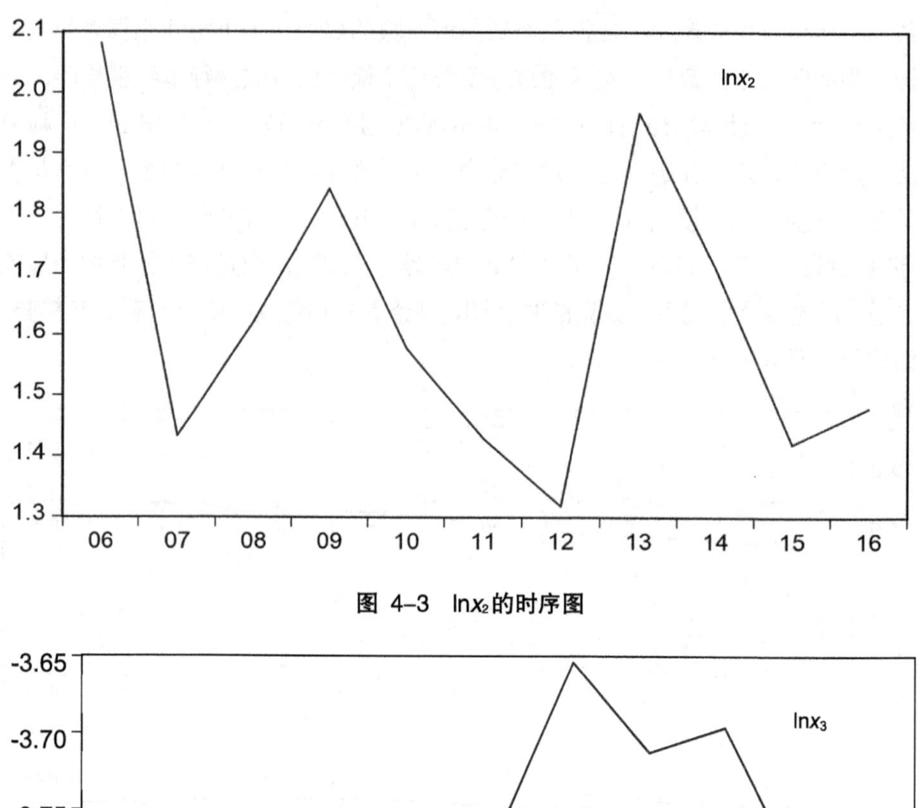

图 4-3 $\ln x_2$的时序图

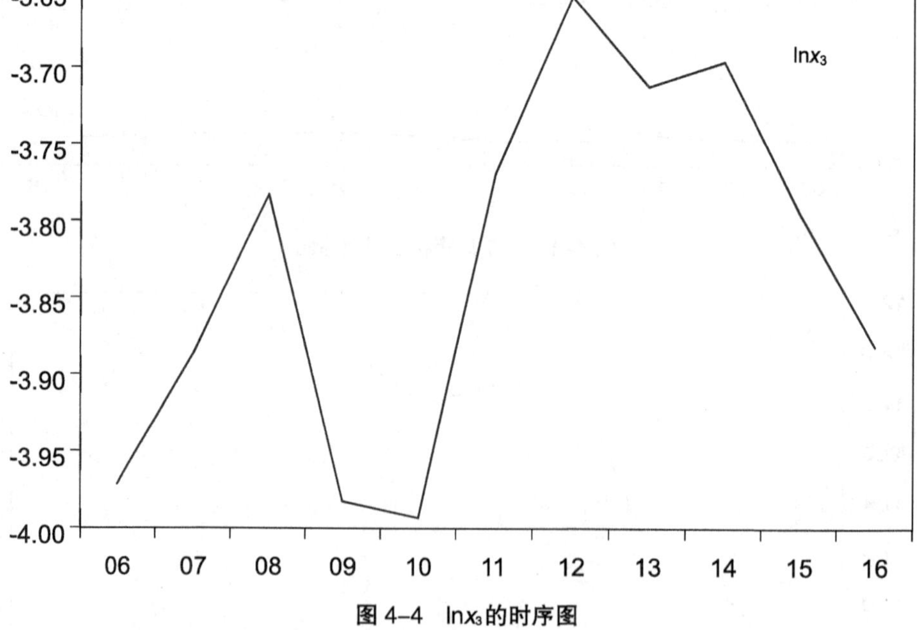

图 4-4 $\ln x_3$的时序图

如图 4-1 所示，这是变量在 2006—2016 年的时序趋势图，根据图形我们可以看出，数据在近 11 年的分布较为平稳，没有明显的发展趋势，但是单个数据的趋势图却不然，图 4-2 至图 4-4 表明，解释变量指标数据突然的变动使其发展毫无规律，没有趋势和截距，所以我们在进行 ADF 检验时，均按照施瓦茨信息准则，手动实验选取滞后阶数，并保证同阶单整实验结束。具体检验结果如表 4-2 所示。

表 4-2　一阶段单位根检验结果

				t-Statistic	Prob.*
研发阶段先进制造业发展能力	Augmented Dickey-Fuller test statistic			−3.503 299	0.0035
	Test critical values	1% level		−2.886 101	
		5% level		−1.995 865	
		10% level		−1.599 088	
金融规模	Augmented Dickey-Fuller test statistic			−4.136 854	0.0016
	Test critical values	1% level		−2.937 216	
		5% level		−2.006 292	
		10% level		−1.598 068	
金融结构	Augmented Dickey-Fuller test statistic			−3.788 622	0.0026
	Test critical values	1% level		−2.937 216	
		5% level		−2.006 292	
		10% level		−1.598 068	
金融效率	Augmented Dickey-Fuller test statistic			−4.655 925	0.0008
	Test critical values	1% level		−2.937 216	
		5% level		−2.006 292	
		10% level		−1.598 068	

根据表 4-2 的结果，各变量在 level 的秩序水平下，总有检验值超过 0.05 的显著性水平，则说明接受原假设，变量存在单位根；而在 2nd difference 的条件下，全部检验结果均小于 0.05，且变量 t 检验值的绝对值均大于各显著性水平下的检验值，说明以上四个变量均为二阶单整，即 I（2）。因此，不能采用普

通回归分析方法检验这些平稳的经济变量之间的相关性，而应进一步采用协整方法进行检验分析。

2. 协整检验

协整检验所检验的是模型的变量之间是否存在长期稳定的关系，其前提是解释变量和被解释变量在单位根检验时为同阶单整，一般面板数据的协整检验方法可以分为两大类：一类是建立在恩格尔和格兰杰（Engle & Granger）二步法检验基础上的面板协整，具体方法主要有 Pedroni 检验和 Kao 检验；另一类是建立在约翰逊（Johansen）协整检验基础上的面板协整检验。考虑到数据的可得性，本文采用 E-G 两步法的 Gao 检验进行协整分析，具体结果如表 4-3 所示。

表 4–3　一阶段协整检验结果

			t-Statistic	Prob.*
Augmented Dickey-Fuller test statistic			−6.003 683	0.0001
Test critical values	1% level		−2.886 101	
	5% level		−1.995 865	
	10% level		−1.599 088	
Variable	Coefficient	Std. Error	t-Statistic	Prob.
RESID03（−1）	−1.619 466	0.269 745	−6.003 683	0.0005

如上表所示，对二阶差分回归后的残差提取残差序列，Resid 残差序列在 level 水平下为平稳序列，所以变量数据之间存在协整关系。也就是说，R&D 经费支出作为被解释变量时，Kao 检验结果在 1%的显著水平下拒绝原假设。研发阶段先进制造业的发展能力与金融服务能力之间均存在协整关系，说明它们之间是长期均衡的。

3. 模型回归分析

本节数据由于原序列不平稳，在二阶单整后变为平稳，则变量间会存在协整关系，说明它们之间是有长期协调关系的，此时可以使用原始序列进行回归，这样可以在实证模型建立中避免伪回归，如表 4-4 所示。

表 4-4　一阶段回归分析结果（逐步回归检验 3）

Variable	Coefficient	Std. Error	t-Statistic	Prob.
LNX1	1.114 734	0.224 298	4.969 884	0.0016
LNX2	−0.158 128	0.429 074	−0.368 534	0.7234
LNX3	1.675 095	0.917 043	1.826 626	0.1105
C	1.550 489	5.056 103	0.306 657	0.768
R-squared	0.867 68	Mean dependent var		7.884 691
Adjusted R-squared	0.810 971	S.D. dependent var		0.720 124
S.E. of regression	0.313 092	Akaike info criterion		0.790 647
Sum squared resid	0.686 185	Schwarz criterion		0.935 336
Log likelihood	−0.348 557	Hannan-Quinn criter.		0.699 44
F-statistic	15.300 63	Durbin-Watson stat		0.623 515
Prob（F-statistic）	0.001 858			

我们根据先进制造业全过程发展中的第一阶段，即市场分析和新产品开发阶段的回归结果（表 4-4），得到研发阶段先进制造业发展水平 y_{1t}、金融结构 x_{1t}、金融规模 x_{2t} 和金融效率 x_{3t} 的多元对数线性回归方程为：

$$\ln y_{1t}=1.550\,489+1.114\,734\ln x_{1t}-0.158\,128\ln x_{2t}+1.675\,095\ln x_{3t} \qquad (5)$$

首先，对以上对数模型进行经济意义分析和统计学检验。由于β_1大于 0，说明金融规模发展情况，也就是社会融资规模对研发阶段先进制造业发展的影响是正向的，即在其他条件不变的情况下，金融发展规模每增加 1 个单位，则研发阶段先进制造业水平将平均增加 1.114 734%；但是β_2 小于 0，通过 P 值检验，我们发现 0.7234 远大于 0.05 的显著性水平，分析过程出现问题，可能 x_{1t} 与 x_{2t} 或者 y_{1t} 与 x_{2t} 数据之间存在多重共线性或者数据不显著，需要接下来进一步调整。同时β_3=1.675 095，同样也说明金融发展效率每增加 1 个单位，则研发阶段先进制造业水平将平均增加 1.675 095%，但是同样 P 值检验尚未通过，需要进一步讨论和研究；借助表 4-5 的回归结果做拟合优度分析检验可知，样本可决系数 R^2 为 0.867 68，超过 0.8 即说明该模型的拟合程度良好，但是不排除会出现其他的问题，如异方差性、多重共线性和序列相关性等，所以需要进行详细的计量经济学检验来修正模型，使得模型结果更为准确。

4. 三大假设检验

模型的合理建立是需要经过一系列检验调试的，其中计量经济学检验尤为重要。一般而言，计量经济学检验中的统计检验大致包括多重共线性检验、序列相关性检验和异方差检验。根据检验结果，选择正确的方法进行必要的模型修正，并用规范的格式表达最终模型；最终对模型进行合理的经济解释，并根据需要进行恰当的结构分析、经济预测和政策评价。本节拟从以上三大检验方式入手，为模型的修正提供基础性建议。

（1）多重共线性检验。对于先进制造业研发阶段的对数模型，需要采用逐步回归法判断其是否具有多重共线性。根据表 4-4 的回归分析结果可知，第一阶段的显著性检验并不明显，数据之间容易产生多重共线性，所以本节采用逐步回归法进行消除。首先通过建立相关系数矩阵的方式，判断模型的解释变量之间相关性的程度，如表 4-5 所示。

表 4-5　一阶段相关系数矩阵

	$\ln y_1$	$\ln x_1$	$\ln x_2$	$\ln x_3$
$\ln y_1$	1.000 000	0.890 374	−0.370 113	0.603 664
$\ln x_1$	0.890 374	1.000 000	−0.299 048	0.401 288
$\ln x_2$	−0.370 113	−0.299 048	1.000 000	−0.313 062
$\ln x_3$	0.603 664	0.401 288	−0.313 062	1.000 000

根据相关系数矩阵所示，解释变量 $\ln x_1$、$\ln x_2$ 和 $\ln x_3$ 之间相关性的绝对值小于 0.4，属于弱相关，只有绝对值超过 0.8 才具有强相关性，所以多重共线性并不明显，接下来需要进行逐步回归来深入分析导致显著性检验不明显的原因，如表 4-6 至表 4-8 所示。

表 4-6　逐步回归检验 1

Variable	Coefficient	Std. Error	t-Statistic	Prob.
$\ln x_1$	1.303 766	0.222 197	5.867 622	0.0002
C	−7.327 124	2.594 594	−2.823 997	0.0199
R-squared	0.792 765	Mean dependent var		7.884 691
Adjusted R-squared	0.769 739	S.D. dependent var		0.720 124
S.E. of regression	0.345 555	Akaike info criterion		0.875 637
Sum squared resid	1.074 675	Schwarz criterion		0.947 981

表 4-7　逐步回归检验 2

Variable	Coefficient	Std. Error	t-Statistic	Prob.
$\ln x_1$	1.253 825	0.239 816	5.228 281	0.0008
$\ln x_2$	−0.331 245	0.475 679	−0.696 363	0.5059
C	−6.206 151	3.119 598	−1.989 407	0.0818
R-squared	0.804 609	Mean dependent var		7.884 691
Adjusted R-squared	0.755 761	S.D. dependent var		0.720 124
S.E. of regression	0.355 889	Akaike info criterion		0.998 606
Sum squared resid	1.013 257	Schwarz criterion		1.107 123
Log likelihood	−2.492 333	Hannan-Quinn criter.		0.930 201

如表 4-4、表 4-6 和表 4-7 所示，模型中分别引入解释变量 $\ln x_1$、$\ln x_2$ 和 $\ln x_3$，会使得模型发生结构性的变化。可决系数 R^2 从 0.792 765、0.804 609 增加到 0.867 68，模型拟合程度逐渐变好；T 检验值从 $\ln x_1$ 的 5.867 622，到 $\ln x_1$ 和 $\ln x_2$ 的 5.228 281 和−0.696 363，到 $\ln x_1$、$\ln x_2$ 和 $\ln x_3$ 的 4.969 884、−0.368 534 和 1.826 626，虽有所下降，但是不影响模型整体的构建，所以模型不存在强烈的多重共线性，可能由于宏观环境的变化和金融市场逐步调整，导致经济意义发生相应的变动。

（2）异方差性检验。为保证回归参数估计量具有无偏性和一致性，本节采用怀特检验的方式，检验参数估计量的准确性，如表 4-8 所示。

表 4-8　一阶段 White 检验

Heteroskedasticity Test: White			
F-statistic	1.446 025	Prob. F（5，5）	0.3478
Obs*R-squared	6.502 909	Prob. Chi-Square（5）	0.2603
Scaled explained SS	2.315 09	Prob. Chi-Square（5）	0.804

如上表所示，P 值检验并未通过，说明没有拒绝原假设（原假设即回归参数之间存在异方差），参数之间不存在异方差。

（3）序列相关性检验。判断随机干扰之间是否是完全相互独立的，或者总体回归模型的随机误差项之间是否存在相关关系，通常通过 DW 检验值或者

LM 检验方法进行分析，如表 4-9 所示，P 值检验未通过，没有拒绝原假设，随机干扰项之间不存在序列相关。

表 4-9　一阶段 LM 检验

Breusch-Godfrey Serial Correlation LM Test:			
F-statistic	2.162 174	Prob. F（2，5）	0.2106
Obs*R-squared	5.101 464	Prob. Chi-Square（2）	0.078

在进行回归分析后，我们发现在先进制造业的研发生产阶段，也就是市场分析和新产品开发阶段，金融规模的稳步发展对先进制造业发展的促进作用显著，金融效率的提高同样对先进制造业发展能力的提升具有正相关作用；但是，从目前来看，我国金融服务先进制造业企业发展仍然处于初级探索阶段，我国先进制造业企业发展中获得的金融服务总量，也就是金融规模程度有限，金融支持效率仍旧需要提升，所以它们的正向作用系数并不大。金融结构，也就是直接融资与间接融资比重在先进制造业研发阶段的作用并不显著，且存在负向作用。说明在这一研发阶段，企业通过银行等金融机构获取的融资占比远远超过通过发债或者发行股票等直接融资方式获取的资金占比，同时通过政府、银行等金融机构的扶持和资金支持，可以更好地促进先进制造业在研发阶段的高质量发展和转型升级，对于加强金融服务业在先进制造业全过程各方面的促进作用是十分重要的。

（二）投入生产和产品销售阶段实证检验

和上一阶段相同，投入生产和产品销售阶段是先进制造业产业发展的下游阶段，也是价值实现的阶段，为体现价值的衡量标准，本节选取规模以上工业企业、高新技术企业等制造业中的七大先进制造业的主营业务收入作为被解释变量指标，用以衡量产销阶段的价值体现。

1. 单位根检验

首先分别观察子数据的时序图，以查看其是否具有明显的截距和趋势，如图 4-5 所示。

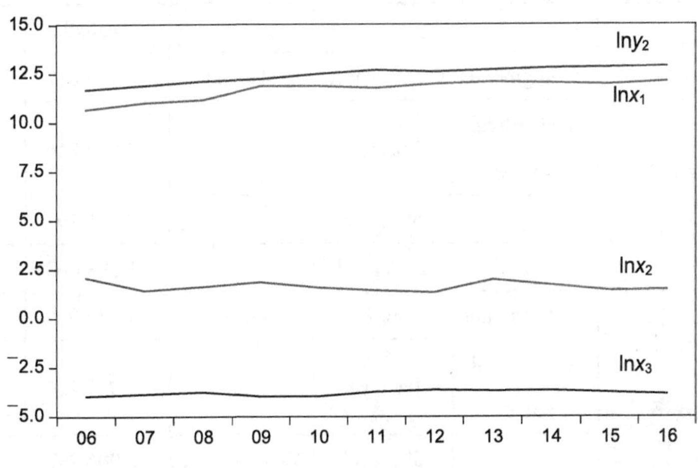

图 4–5　二阶段指标变量时序图

如图所示，数据分布没有体现明显的趋势和截距，所以我们在进行 ADF 检验时，按照 None 的检验标准，依次实验阶数变动。具体检验结果如表 4-10 所示。

表 4–10　二阶段单位根检验

				t-Statistic	Prob.*
产销阶段先进制造业发展能力	Augmented Dickey-Fuller test statistic			−4.239 226	0.0013
	Test critical values	1% level		−2.937 216	
		5% level		−2.006 292	
		10% level		−1.598 068	
金融规模	Augmented Dickey-Fuller test statistic			−4.136 854	0.0016
	Test critical values	1% level		−2.937 216	
		5% level		−2.006 292	
		10% level		−1.598 068	

续表

				t-Statistic	Prob.*
金融结构	Augmented Dickey-Fuller test statistic			−3.788 622	0.0026
	Test critical values	1% level		−2.937 216	
		5% level		−2.006 292	
		10% level		−1.598 068	
金融效率	Augmented Dickey-Fuller test statistic			−4.655 925	0.0008
	Test critical values	1% level		−2.937 216	
		5% level		−2.006 292	
		10% level		−1.598 068	

如上表所示，模型所用数据均为二阶单整数据，平稳性检验通过，下一步需要进行协整检验以构建模型体系。

2. 协整检验

与一阶段相同，通过 E-G 两步法进行二阶段的协整检验，如表 4-11 所示。

表 4–11　二阶段协整检验

			t-Statistic	Prob.*
Augmented Dickey-Fuller test statistic			−3.788 622	0.0026
Test critical values	1% level		−2.937 216	
	5% level		−2.006 292	
	10% level		−1.598 068	

如上表所示，二阶差分回归后的残差序列，在 level 水平下为平稳序列，所以变量数据之间存在协整关系。也就是说，将先进制造业的主营业务收入作为被解释变量时，Kao 检验结果在 1%的显著水平下拒绝原假设。产销阶段先进制造业的发展能力与金融服务能力之间均存在协整关系。

3. 模型回归分析

投入生产和产品销售阶段的数据与一阶段相同，均为二阶单整数据，协整关系成立，原数据之间也存在长期协调关系，进行回归后的结果如表 4-12 所示。

表 4–12　二阶段回归结果分析

Variable	Coefficient	Std. Error	t-Statistic	Prob.
$\ln x_1$	0.688 035	0.109 197	6.300 855	0.0004
$\ln x_2$	−0.179 584	0.208 89	−0.859 705	0.4184
$\ln x_3$	0.553 556	0.446 453	1.239 896	0.255
C	6.817 649	2.461 513	2.769 699	0.0277
R-squared	0.902 18	Mean dependent var		12.433 59
Adjusted R-squared	0.860 257	S.D. dependent var		0.407 749
S.E. of regression	0.152 426	Akaike info criterion		−0.648 993
Sum squared resid	0.162 635	Schwarz criterion		−0.504 304
Log likelihood	7.569 46	Hannan-Quinn criter.		−0.740 199
F-statistic	21.520 03	Durbin-Watson stat		1.742 696
Prob（F-statistic）	0.000 655			

如上表所示，先进制造业全过程发展的第二阶段，即投入生产和产品销售阶段的回归结果，我们得到先进制造业产销阶段发展水平、金融结构、金融规模和金融效率的多元对数线性回归方程如下：

$$\ln y_{2t}=6.817\,649+0.688\,035\ln x_{1t}-0.179\,584\ln x_{2t}+0.553\,556\ln x_{3t} \tag{6}$$

根据方程，对以上对数模型进行经济意义分析和统计学检验。由于β_1大于 0，说明社会融资规模对产销阶段先进制造业发展的影响是正向的，即在其他条件不变的情况下，金融发展规模每增加 1 个单位，则研发阶段先进制造业水平将平均增加 0.688 035%；但是β_2与β_3均未通过 P 值检验，分析过程出现问题，可能 x_{1t}与 x_{2t}或者 x_{1t}与 x_{3t}数据之间存在多重共线性或者数据不显著，需要进一步调整。同时，由于β_2小于 0 而β_3大于 0，也说明金融发展效率与产销阶段先进制造业水平呈正相关关系，而金融结构呈负相关关系且作用并不显著。根据表 4-13 的拟合优度检验可知，样本可决系数 R^2为 0.902 08，说明该模型的拟合程度良好，同时为防止出现异方差性、多重共线性和序列相关性等问题，同样需要进行三大计量检验。

4. 三大假设检验

（1）多重共线性检验。对于先进制造业产销阶段的对数模型，需要判断其是否具有多重共线性。表 4-12 的回归分析结果显示，这一阶段的显著性检验并不十分明显，为防止数据之间产生多重共线性，要首先通过建立相关系数矩阵的方式，判断模型的解释变量之间相关性的程度，如表 4-13 所示。

表 4–13　二阶段相关系数矩阵

Correlation	$\ln y_2$	$\ln x_1$	$\ln x_2$	$\ln x_3$
$\ln y_2$	1			
$\ln x_1$	0.169 234	1		
$\ln x_2$	−0.037 565	−0.033 149	1	
$\ln x_3$	0.0238	0.021 683	−0.008 528	1

根据相关系数矩阵所示，解释变量、β_1 和β_2 之间相关性的绝对值均小于 0.1，几乎不存在相关性，所以多重共线性并不明显，无须进行逐步回归法检验。

（2）异方差性检验。采用怀特检验参数估计量的准确性，如表 4-14 所示。

表 4–14　二阶段 White 检验

Heteroskedasticity Test: White			
F-statistic	80.686 26	Prob. F（9，1）	0.0862
Obs*R-squared	10.984 87	Prob. Chi-Square（9）	0.2767
Scaled explained SS	2.740 584	Prob. Chi-Square（9）	0.9737

如上表所示，P 值检验并未通过，说明没有拒绝原假设（原假设即回归参数之间存在异方差），参数之间不存在异方差。

（3）序列相关性检验。采用 LM 检验随机误差项的相关性，如表 4-15 所示，P 值检验未通过，没有拒绝原假设，说明随机干扰项之间不存在序列相关。

表 4–15　二阶段 LM 检验

Breusch-Godfrey Serial Correlation LM Test:			
F-statistic	0.010 776	Prob. F（1，6）	0.9207
Obs*R-squared	0.019 721	Prob. Chi-Square（1）	0.8883

在进行回归分析后，我们发现在先进制造业的销售售后阶段，也就是投入生产和产品销售阶段，金融规模、金融结构和金融效率的稳步发展都对先进制造业的发展或多或少存在一定的影响，具体分析如下。

第一，对于金融规模和金融效率来说，在经过模型修正与调试后，模型回归分析的结果显示出准确性与完整性。我们发现，在先进制造业的产销阶段，也就是投入生产和产品销售阶段，金融规模和金融效率的稳步提升对先进制造业的整体发展具有促进作用，但是相关系数β_1为 0.688 035、β_3为 0.553 556，影响因素不大，说明在当下中国先进制造业发展过程中，金融贷款提供的支持占比逐渐受到其他新兴融资方式的挑战。尽管近年来我国制造业的贷款投放规模增长较快，但是从总体规模、增长速度上来看，与同期的金融机构人民币贷款投放规模相比仍存在一定的差距，并没有呈现出明显的投放倾向。

第二，对于金融结构来说，金融结构的变动对先进制造业的产销阶段仍旧存在负相关影响，β_2 的系数为负（−0.179 584），体现了金融结构的变动对先进制造业全过程的发展状况提出出新的挑战。尽管我国已初步建立了多层次的资本市场，可以为上市融资的企业提供多样化选择，但是对于先进制造企业来说，通过发行上市的方式融资依然很困难，直接融资所占的比重仍旧低于银行业等金融机构的庞大资金链支持。同时，除信贷和直接融资方式以外，近年来我国股权投资基金市场规模也日益壮大、发展迅速，但其对先进制造业的投资仍旧呈现出规模小、比例低、产业投向分布不均的现象。所以对目前阶段来说，我国先进制造业平稳运行、良好发展的前提仍旧是间接融资的积极支持。

第三，对于两大发展阶段来说，我们明显发现第二阶段的系数β_1（0.688 035）并没有第一阶段的系数β_1（1.114 734）大，发展呈现非显著的状态，造成这种情况的主要原因之一是先进制造业在发展初期的融资需求较高，对资金的依赖程度较大，金融机构通过产业资本形成机制对制造业发展提供了大量信贷支持，有利于改善制造业资金缺乏的困境。然而在先进制造业发展到一定的阶段时，其发展对金融机构的信贷服务能力提出了新的挑战。制造业企业资金需求多以项目融资为主，但由于项目具有短期利润较低、投资回收期长和融资期限较长的特点，对金融机构的信贷服务能力提出了新需求和新挑战，会影响到制造业的发展。

另一方面，因为金融资本在后期对先进制造业的支持发生倾斜，由此造成的产业结构非合理化阻碍了制造业的均衡发展。先进制造业发展前期，资金支持多为政府基金、风投、股权融资等，中后期多为债务融资等。对于先进制造业企业来说，前期国家政策的支持力度远大于金融机构的贷款力度。但是在中后期，资金配置很大程度上会受到国家行政干预，金融市场竞争度相对较低，资金较多地流向国有经济部门，非国有经济部门获取贷款的水平相对不足，造成金融资金配置倾斜，从而使民营制造业企业融资困难。因此，虽然当前我国先进制造业的发展势头迅猛，但从资产总量、规模以上制造业企业个数方面看，总体规模依然偏小，不利于形成抵御市场风险的能力，不利于形成规模效应。

因此，针对当前金融服务业在推动先进制造业发展全过程中出现的问题以及未来发展方向，迫切地需要对其进行详细的原因分析和全面的解释，同时提出相应的对策建议以促进我国先进制造业的良好发展。

四、实证结论

通过上述模型的实证检验和分析，我们可以大致得出如下结论：

第一，不论是在先进制造业发展的研发阶段还是产销阶段，金融服务规模及金融服务效率对于先进制造业的发展均有显著的促进作用，而金融服务结构对于先进制造业发展影响不显著，甚至出现了负向影响。基于此，首先我国各种金融机构应大力支持先进制造业发展，积极拓展龙头企业及其上下游供应链融资，完善综合化金融服务，帮助企业做大做强。金融与产业之间要实现互动，一方面，金融机构会引导储蓄转化为投资以实现金融资源在不同产业间的配置，进而影响产业结构；另一方面，产业结构调整会对金融需求产生影响。结合我国先进制造业发展现状来看，需要同时从需求端与供给端为先进制造业全过程提供金融服务，从而提升先进制造业发展水平。其次，对于金融服务结构对先进制造业的负向影响而言，直接融资与间接融资的比重不合理，我国应充分发挥金融市场功能，积极发展多层次资本市场，扩大先进制造业直接融资比例，以优化金融服务结构。最后，为提高金融效率，我国应深化改革投融资体系，加大金融政策扶持力度，建立顺应市场发展要求的多元资金投入体系，以促进先进制造业发展。

第二，尽管金融规模和金融效率的稳步提升对先进制造业的整体发展具有促进作用，但这种促进作用十分有限。因此，除了商业银行应积极落实国家支持先进制造业的政策，实施建立新型银企合作关系，发展银团贷款联盟、企业联合贷款等措施外，国家应规范和利用民间资本，进一步放宽政策，鼓励民营银行、民营信托的发展，引导民间资本投资先进制造业等支柱产业。

第三，就两大发展阶段而言，与研发生产阶段相比，金融服务相关指标对于制造业产销阶段的影响略弱，造成这种情况的主要原因一方面是先进制造业在发展初期的融资需求较高，对资金的依赖程度较大，金融机构通过产业资本形成机制对制造业发展提供了大量信贷支持，有利于改善制造业资金缺乏的困境；另一方面是因为金融资本在后期对先进制造业的支持发生倾斜，由此造成的产业结构非合理化阻碍了制造业的均衡发展。因此，我国应区分先进制造业不同发展阶段，有针对性地进行金融服务支持。例如，可以深化金融产品创新，金融机构根据先进制造业企业的类型和发展阶段，有针对性地发展多样化、个性化的贷款形式；可以充分利用国际融资市场，丰富先进制造业融资方式；还可以在保持传统金融支持产品和服务的前提下，积极针对经济新常态下的需求特点，尝试创建创新试点投贷联动等金融服务模式。

第五章　我国金融服务先进制造业全过程能力提升的整体框架

通过阅读第三章第一节“我国金融服务先进制造业全过程的现状分析”，我们已经了解到，在金融服务先进制造业的全过程中，银行占据主导地位，这与我国资本市场尚不成熟有着密不可分的关系。鉴于此，我国金融服务先进制造业的最适模式应为“银行主导型”。

现状分析中提出了我国金融服务先进制造业全过程中存在的金融规模有限、金融结构不合理、金融服务效率低的问题，实证研究进一步证实了这些问题，并分析了问题的具体表现。在“银行主导型”模式下，解决这些问题是提升我国金融服务先进制造业全过程能力的必经之路。

在提升我国金融服务先进制造业全过程能力的具体做法中，银行应继续发挥在先进制造业全过程服务中的优势，不断提升服务质量，非银行金融机构也要不断创新金融产品，为先进制造业发展的各个阶段提供相匹配的金融服务。同时，政府应辅以政策、法律法规支持，为先进制造业的发展提供良好的金融环境。

综上所述，本书构建的我国金融服务先进制造业全过程能力提升的整体框架如图 5-1 所示。

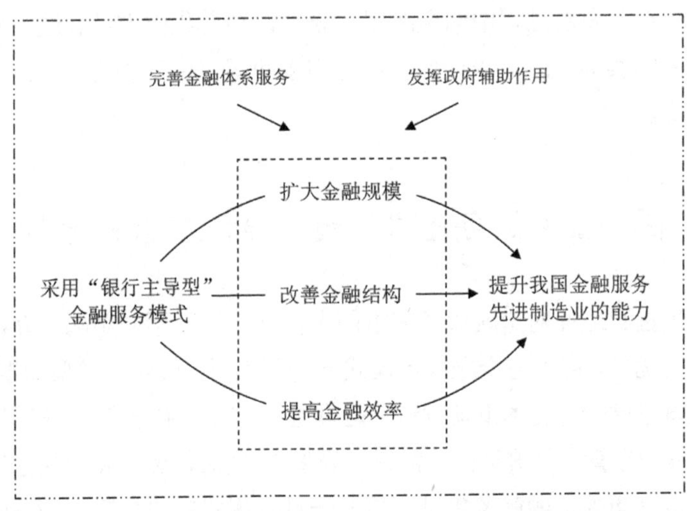

图 5-1　我国金融服务先进制造业全过程能力提升的整体框架

本章将根据构建我国金融服务先进制造业全过程能力提升整体框架的逻辑思路，按照目标模式、路径选择、策略安排的顺序，积极探索有效提升我国金融服务先进制造业全过程能力的途径和方法。

第一节　我国金融服务先进制造业全过程能力提升的目标模式

金融危机后，以美国为首的世界经济大国纷纷提出“再工业化”战略，主张制造业回归。这种回归不是简单地回到传统制造业，而是开拓与互联网、云计算等信息化技术高度融合的智能化先进制造业。近年来，世界各国均出台了振兴制造业、发展先进制造业的战略规划，如美国的“制造业回归战略”、德国的“工业 4.0 计划”、欧盟的“未来工厂计划”、英国的“工业 2050 战略”、日本的“机器人新战略”、韩国的“制造业创新 3.0 战略”等，力求在新的产业革命中占据主导地位。

各国在制造业的发展战略上有所差别，但无论采取何种战略，都离不开金融体系的支持。在提升我国金融服务先进制造业全过程能力时，可以充分借鉴国外先进制造业发展过程中的金融服务模式，结合我国先进制造业发展目标和发展过程中的实际金融需求，探索出适用于我国“中国制造 2025 规划”的金融服务模式。

一、国外金融服务先进制造业全过程模式分析

根据先进制造业对金融服务需求的多样性，以及不同金融中介在提供金融服务方面的优劣，可以将金融服务模式分为两大类：市场主导型和银行主导型。美国金融体系健全、资本市场发达，是典型的“市场主导型”；德国银行为全能制、实行混业经营，是典型的“银行主导型”。同时，美国和德国是世界制造业强国，分析这两国金融服务先进制造业全过程模式对构建我国金融服务模式有重要的指导和借鉴意义。

（一）美国金融服务先进制造业全过程模式——“市场主导型”

20 世纪 90 年代以来，美国传统工业城市逐渐凋零，制造业增加值占国内生产总值比重逐渐下降，制造业就业人数也迅速下滑，美国经济开始呈现加速去工业化趋势。2008 年金融危机爆发后，美国经济受到重创，美国政府开始意识到制造业发展的重要性，提出了“制造业回归战略”。为了成功实现“制造业回归”的战略设想，美国政府出台了一系列相关政策和法案。例如，2009 年 12 月公布《重振美国制造业框架》，2011 年 6 月和 2012 年 2 月相继启动《先进制造业伙伴计划》和《先进制造业国家战略计划》，2013 年发布《制造业创新中心网络发展规划》，2014 年底通过《振兴美国制造业和创新法案》。2017 年 1 月，特朗普上台之后，推出了一系列新政：2017 年 4 月 29 日成立白宫贸易和制造业政策办公室，专门负责全球贸易事务和促进美国制造业回归相关事宜；2017 年 12 月，参议院通过减税方案，该方案旨在减轻企业负担，吸引制造业回归本土。

在制造业回归和先进制造业发展的过程中，必然需要金融体系提供相应的服务和支持。美国是市场经济发达的资本主义国家，完善的金融体系是美国先进制造业发展的重要外部环境。其中资本市场的融资功能是先进制造业加速发展的“催化剂”，而先进制造业由于具有成长快速、附加值高的特点，又可以为资产增值提供平台，反过来也促进了资本市场的繁荣，形成“双赢”的局面。

在美国先进制造业发展过程中，金融体系主要从融资和出口两方面提供服务。

1. 从融资方面提供金融服务

先进制造业在不同发展阶段的资金需求性质不同，融资渠道也有所差异。美国金融体系作为一个有机整体，其各组成部分均对支持先进制造企业的发展起到很大的作用。但总体来看，资本市场发挥的作用相对较大，具体的金融服务形式有以下三种。

（1）利用风险投资发展新兴先进制造业

风险投资产生于美国，这种投资方式在将先进制造企业的科技资源转化为生产力方面发挥了巨大的作用，主要体现在两个方面：一是为技术创新提供资金，分担了先进制造企业的风险，加速了产业化进程。由于风险收益的聚集性，一旦某新兴先进制造企业创业成功，风险投资会大量涌入该行业，极大地缩短了该技术或创新的产业化进程。美国斯坦福国际咨询研究所所长米勒博士曾表示："在科学技术研究的早期阶段，由于风险投资的参与和推动，科学技术研究转化为生产力的周期由原来的 20 年减少为不足 10 年，缩短了 10 年以上"。二是促进了产业集群的形成。高新技术产业对生产要素的专业化有着极高的要求，这种专业化的要求使新的产业链得以形成，随之而来的是产业间新技术的扩散和传播，极大地促进了先进制造业的发展。美国的实践经验表明：科技成果的产业化与风险投资密不可分。从 2009 年开始，美国风险投资基金的投资额和投资数量稳步增长。根据网络推销书（Pitch Book）的数据，2017 年美国风险投资（VC）行业风险投资额高达 840 亿美元，其中 8035 家企业共计完成 8076 宗交易。风险投资回归繁荣的趋势和美国"再工业化"战略基本同步发展，风险投资对科技研发提供的资金支持大大加速了美国互联网技术、纳米技术、空间技术和电动汽车等高新技术的研发和成果产业化，从而推动先进制造业不断发展。

（2）通过完善的资本市场为先进制造企业融资

美国资本市场高度发达、层次多样，能够满足先进制造企业不同的融资需求。根据交易场所的不同，美国资本市场可以分为场内市场和场外市场。场内市场包括纽约证券交易所（NYSE）和美国证券交易所（AMEX）；场外市场包括纳斯达克证券交易所（NASDAQ）、OTC 第三市场、OTC 第四市场和美国场外柜台交易系统 （OTCBB）。OTC 拥有多元化的产品和完善的监管体系，为新兴产业和中小企业融资、风险投资退出提供了非主板途径，目前已发展成为全球最活跃的场外交易市场。OTCBB 带有典型的三板市场特点，上市程序简单、费用低，对企业规模和盈利水平基本没有要求，适合小型初创企业融资。

除此之外，美国资本市场的转板机制在先进制造企业的经营发展方面也起到了极大的激励作用。上市公司不仅可以从 OTC 市场转板到 OTCBB 市场，也可以从 OTCBB 市场借壳转板到 NASDAQ 市场，甚至是 AMEX 市场和 NYSE 市场。在 NASDAQ 市场内部，如果上市公司满足标准，也可以从低层次的 NASDAQ 资本市场升级到 NASDAQ 全球市场，甚至是 NASDAQ 全球精选市场。但当上市公司低于监管部门的标准，在接受警告后一段时间内仍不能恢复时，则会被降到更低层次的市场板块。

（3）运用多种方式为中小先进制造企业融资

由于中小先进制造企业融资需求大、信用等级不高，金融机构在单独为中小先进制造企业提供资金时需承受较大的风险，因此，金融机构常常与政府合作，通过政府提供信用担保的方式分散自己的风险。除此之外，新兴的互联网金融也为中小先进制造企业融资提供了新的融资渠道。

①与政府合作以分散风险

为了分散风险，美国的金融机构常采用与政府合作的方式为中小先进制造企业提供所需资金。中小先进制造企业虽然规模小，但创新意识强，为先进制造业的发展和经济增长带来巨大的活力。在历次产业结构调整阶段，美国都会出台一系列金融支持政策，从立法或指导意见方面解决中小企业的融资缺口问题。在为中小企业提供融资服务时，金融机构通常与政府合作，共同承担贷款风险。

由于中小企业信用等级较低，难以获得融资，因此美国依靠政府信用，通过小企业管理局（SBA）建立起良好的贷款担保机制。其中，SBA 提供的最基本的贷款担保计划是 7（a）贷款计划，即在符合条件的中小企业向金融机构申请贷款时，SBA 对贷款提供一定比例的担保，以此分散金融机构的一部分风险。

②通过互联网金融提供贷款

近年来，随着互联网技术的不断发展，互联网贷款应运而生。互联网贷款的出现，不仅为中小先进制造企业提供了新的融资途径，还为投资者提供了高收益的投资选择。传统银行贷款年利率一般为 5%～7%，但由于抵押价值、企业规模、存续期和贷款风险等方面的不同，互联网贷款年贷款利率基本可以达到 30%～120%[①]。与传统银行贷款相比，互联网贷款申请程序简单便捷、资金投放速度快且更注重客户服务。大多数互联网贷款平台都可以在 30 分钟内处理贷款申请，贷款人几个小时就可以获知贷款申请的结果。申请一经通过，贷款人一周之内即可收到资金。

根据运营模式不同，美国的互联网贷款平台可以分为三类：

第一类是利用自有资金发放贷款，如 On Deck 和 Kabbage。这些平台发放的贷款基本为 9 个月以内的短期贷款，贷款年利率大致为 20%～50%。企业申请这种贷款主要是为了购买存货，补充营运资金，以进行生产。

第二类是为贷款方和借款方提供交易途径，如 Biz2Credit 和 Fundera。这种互联网贷款平台仅仅是一个媒介，平台内包含多种贷款品种，中小企业可以根据自己的需求选择贷款种类。在这个平台中，贷款供给方不是单一固定的，既可以是传统银行，也可以是其他机构或个人贷款方；贷款种类多种多样，既可以是存货贷款，也可以是无抵押贷款。这类互联网贷款平台大大节约了借贷双方的搜寻成本，使贷款更加方便、快捷。

第三类是 P2P 模式，如 Lending Club 和 Funding Circle。这种模式与第二种类似，互联网贷款平台也是作为连接借贷双方的媒介，区别在于 P2P 模式仅为资质好的个人借款者和个人投资者提供交易的平台，这种平台可以提供可分期偿还贷款的服务，期限一般为 3～5 年。

2. 从出口方面提供金融服务

在刺激出口、拓展海外业务方面，美国先进制造业金融服务的提供者主要是政策性银行。2010 年 9 月 16 日，美国政府公布了《国家出口振兴计划》(NEI)，该计划的主要目的是大力促进美国出口，减少贸易逆差。为了实现这一目标，美国政府制定了“出口倍增计划”，意图通过进出口银行的信贷服务，为中小企业提供资金，开拓海外市场。这一计划实质上是政府通过金融服务的方式对先进制造企业的产品出口进行间接补贴。例如，在民用飞机出口过程中，美国进出口银行提供的金融服务是向外国买家提供低息贷款，或向外国买家的私人银行贷款提供担保，从而将外国进口商的部分成本转嫁到本国支出上，为本国飞机生产商赢得更多的订单。

---

① Mills K, McCarthy B. The State of Small Business Lending: Credit Access during the Recovery and How Technology May Change the Game ［R］. Harvard Business School General Management Unit Working Paper No. 15－004，2014.

（二）德国金融服务先进制造业全过程模式——“银行主导型”

德国是世界上制造业最发达的工业体之一，长期坚持产业立国战略，近半个世纪以来一直处于全球工业经济和产业科技的最前沿。为了继续发挥先进制造业的优势，巩固制造业强国的地位，2011 年，德国在汉诺威工业博览会上提出“工业 4.0”的概念，开启了以智能制造为主的“第四次工业革命”之路。

严格意义上来讲，以“工业 4.0”为代表的德国先进产业体系并不仅限于某一个或某一类特定产业和领域，而是对整个产业体系的重新定位和建构。换句话说，几乎所有的传统工业或制造产业都将卷入以“工业 4.0”为引导的产业体系的进化过程中。在此过程中，某些产业将会起到决定性的作用，并将集中体现出新工业革命所带来的劳动生产率大幅提升的积极表现。其中，德国的机械与设备制造、汽车、绿色节能环保、医疗健康等优势产业将保持其先进性或成为引领性产业。与此同时，以研发创新、现代金融、物流配送为代表的现代产业服务体系也将完成新一轮的转型升级。

在不断向“工业 4.0”前进的道路上，必然会有大量的资金需求。因此，在先进制造业的发展过程中，金融服务显得至关重要。德国的金融服务业在欧洲大陆一直居于领先地位，在全球也具有较强的竞争力。即使是在国际金融危机的大背景下，德国的金融服务业依然以其一贯的稳健性特质顺利渡过了难关。目前，德国发达的金融体系和完善的金融监管已成为制造业发展的重要支撑和基础。

由于德国实行混业经营，银行体系标准化、业务多元化。德国全能银行不但可以经营信贷、证券、租赁和保险等金融服务业务，也可以超出金融经营的性质，进行实业投资，进而参与到国家产业结构调整的过程中。由此可看出，德国金融服务先进制造业全过程模式为“银行主导型”。在这种模式下，德国银行对先进制造业的服务主要体现在以下两方面。

1. 债券融资服务

德国复兴信贷银行（KFW）是德国最大的政策性银行，主要为产业开发、教育和科研机构振兴、战略性新兴产业发展、欧洲和德国的经济发展提供必要的资金支持。其子公司 KFW 中小企业银行（KFW Mittelstands Bank）主要负责为初创中小企业提供资金支持和金融服务。KFW 中小企业银行的业务主要有企业资源计划（ERP）创业贷款、企业家贷款和 ERP 创新计划。

（1）ERP 创业贷款

为鼓励创业、扶持经营时间不到 3 年的德国中小企业（年营业额低于 1000 万欧元），KFW 中小企业银行推出了 ERP 创业贷款——总额不超过 100 万欧元的中长期低利率贷款。ERP 创业贷款的本质是 KFW 中小企业银行为贷款企业提供的贷款担保计划。办理 ERP 创业贷款业务时，需遵循主办银行制度，即符合要求的创业企业可以通过自己选定的商业银行向 KFW 中小企业银行提出贷款申请，KFW 中小企业银行提供的资金也经由该商业银行转贷给创业企业。对于贷款抵押物的具体要求，由贷款人和其选定的商业银行自行协商。在风险分担上，商业银行承担 20%的贷款风险，KFW 中小企业银行承担剩余 80%的风险。除此之外，该计划也得到了欧洲投资基金（EIF）的资金保证支持。

（2）企业家贷款

与 ERP 创业贷款不同，企业家贷款主要为经营时间超过 3 年的企业提供总额不超过 2500 万欧元的中长期贷款。根据欧洲委员会规定：中小企业为年营业额小于 5000 万欧元的企业。在企业家贷款计划下，只有符合标准的企业才可以获得优惠贷款政策。企业家贷款的业务流程与 ERP 创业贷款相同，遵循主银行制度。在风险分担方面，商业银行承担的贷款风险不超过总风险的 50%。

（3）ERP 创新计划

ERP 创新计划是为满足经营时间超过 2 年的中小企业的长期融资需要提供的长期贷款，具体有两大类贷款计划：贷款计划Ⅰ和贷款计划Ⅱ。贷款计划Ⅰ提供总额不超过 500 万欧元的贷款，用于支持企业进行市场调研、新产品和服务的研发等；贷款计划Ⅱ提供总额不超过 100 万欧元（在德国东部可以提高至 250 万欧元）的贷款，主要用于支持企业新产品的推广。企业使用 ERP 创新计划进行融资，债务由两部分——债务资本和次级债务组成。其中，债务资本份额需占总融资额的 50%～60%，且债务资本份额需要提供相应的担保。

在债券融资服务的贷款风险分担机制中，德国担保银行发挥着重要的作用。政府以自身信用为担保银行提供反担保，从而实现放贷银行、担保银行和政府共担风险的担保模式。虽然担保银行与承贷银行承担的风险比例约为 8∶2，但由于联邦政府和州政府提供 60%～80%的反担保，担保银行最终承担的风险仅为总贷款风险的 16%～32%[①]。德国担保银行发生损失的概率约为 1%，担保银

① 傅勇. 德国中小企业融资体系［J］. 中国金融，2014(4)：78－80.

行代中小企业偿付损失的概率也控制在 4%以下。截至 2018 年 6 月，德国担保银行从未出现过破产解散的恶性事件。

2. 股权融资服务

在为先进制造企业提供股权融资服务时，KFW 主要采用设立专门基金，并与风险投资资本合作的方式完成，如设立 ERP 初创企业基金和高科技种子基金。

在 ERP 初创企业基金和风险投资资本合作的联合投资模式下，KFW 与至少一位私人投资者共同承担投资风险，基金投资的份额不超过 50%。每个企业每年所获最高投资额为 250 万欧元，累计所获总投资额不超过 500 万欧元。

高科技种子基金通过公私合作方式为经营不超过 1 年的高科技初创企业融资，其中德国政府出资 46000 万欧元，KFW 出资 5500 万欧元，社会资本出资 5850 万欧元，组成资金池。在选择申请基金的高科技初创企业进行投资时，遵循风险投资的标准程序。

二、国外金融服务先进制造业全过程模式对我国的适用性分析

我国是发展中国家，实行社会主义市场经济体制，与美国、德国等发达国家纯粹的市场经济相比，既存在相同点，又存在不同之处。在借鉴其他国家金融服务先进制造业全过程模式的经验时，不能一味地照搬照抄，需考虑我国政治、经济、社会环境等诸多因素，结合金融市场的发展现状和先进制造业的发展需求，全面分析国外金融服务经验的适用性和可行性，以便为构建我国金融服务先进制造业全过程模式提供合理有效的参考。

（一）美国“市场主导型”模式的适用性

在分析美国金融服务先进制造业全过程模式时，本节第一部分主要从风险投资、资本市场、互联网金融等方面进行介绍。因此，本部分将从我国风险投资、资本市场、互联网金融发展现状入手，探讨“市场主导型”模式的适用性。

1. 风险投资发展现状

风险投资是发展高新技术产业的孵化器和助推器，前文提到，风险投资的参与可以大大缩短科学技术成果转化为生产力的时间。我国是科技大国，每年

取得的科技成果不计其数，但是真正转化为商品的却寥寥无几，其根本原因就是缺乏风险投资这个促进科技转化的有效工具。况且，我国的风险投资发展不足 20 年，尚处于起步阶段，由于政策不得力、法规不健全、金融市场不成熟、税收政策不合理等原因，仍存在着不少问题。这些问题在一定程度上阻碍了我国风险投资的发展。

分析近年来我国风险投资中存在的问题，主要有以下三个方面：

（1）相关政策机制不健全。我国的风险投资刚刚起步，风险投资的观念、理论、管理等都还处在研究和实践探索阶段。虽然各级政府积极扶持并出资组建风险投资机构对高科技产业进行风险投资，但在实际运营中仍缺乏相关政策体系的支撑，如风险投资税收优惠、政府信用担保等。目前，我国的风险投资与发达国家相比仍存在较大差距。

（2）资金来源单一。风险偏好型投资者投入的资金是风险投资资本的主要组成部分。但是，在我国，由于受到长期计划经济体制和传统小农文化的影响，潜在投资者更倾向于将手中的资金存入银行或投资风险较小的债券，而不愿意承担较高的风险以获取更多的收益。目前，我国 90%以上的风险投资资金来源于政府财政拨款和银行政策性贷款，很少有来自大公司、大企业和个人投资者的资金投入。资金来源过于单一，导致可投资金不足，风险投资企业为保证盈利，降低经营风险，只好将本就不充裕的资金分投到多个项目上，致使对单个项目投资力度过小；有的风险投资公司甚至将资金投入到风险低的成熟产业领域，违背了风险投资的初衷。

（3）相关法律法规不完善。健全完备的法律法规体系，是风险投资机制正常运行的必要条件。目前，我国的风险投资处于初期发展阶段，尚缺乏专门的法律法规对风险投资机构的设立条件、投资资金的筹集以及风险投资的运作和管理等方面做出明确的规定。这不仅影响风险投资的规范运作，还加剧了风险投资过程中的风险，严重制约我国风险投资的健康发展。

2. 资本市场发展现状

在分析美国“市场主导型”模式时，我们了解到，美国的市场交易体系十分健全，无论企业规模如何、发展程度如何、行业背景如何，都能在资本市场中找到合适的融资途径和较为通畅的直接融资渠道为先进制造企业研发、生产、销售、售后等各个环节提供所需的资金。除此之外，美国的金融监管体系和相关的法律法规完善，能够为资本市场的发展和壮大提供支撑和保障。

着眼于我国资本市场，从 20 世纪 90 年代发展至今，形成了场内和场外的多层次交易市场。其中，场内市场包括主板市场和创业板市场，场外市场包括全国中小企业股份转让系统和区域性股权交易市场。不到 30 年的时间，我国资本市场迅速发展，为推动我国金融服务业不断前进做出了巨大的贡献。但是，由于形成时间较短，相关法律法规和监管体系还不十分健全，资本市场的各个子市场在为企业提供服务时，难免会存在一些不足之处。

作为主板市场的沪深交易所对企业的进入设置了很高的门槛，主要服务对象是进入成长期及后期相对成熟、经营比较稳定的企业，只有大型公司才能满足其进入条件，大部分企业尤其是中小企业很难进入；创业板主要服务于进入成长期的成长性企业，与主板市场相比，进入门槛较低，但由于其监管、效率问题等无法保障，创业板市场力量薄弱；全国中小企业股份转让系统是以机构投资者和高净值人士为参与主体，为中小企业提供融资、交易、并购、发债等功能的股票交易场所，区域性股权交易市场是为特定区域内的企业提供股权、债券的转让和融资服务的私募市场，二者均是我国资本市场结构的重要组成部分，是拓宽我国资本市场融资渠道的积极探索，但是由于成立时间不足 10 年，难免存在监管机制不健全、管理体制不完善等问题。

3. 互联网金融发展现状

近几年，我国互联网金融呈井喷式发展，各种互联网金融平台不断涌现。目前，我国互联网金融的发展形态多种多样，互相渗透，除银行的互联网支付窗口以外，大致可以分为 P2P 网贷模式、以余额宝为代表的互联网货币基金模式、众筹模式和第三方支付模式。

互联网金融的发展给中小制造企业的转型升级提供了巨大的资金支持和更为广阔的发展前景。中国互联网金融行业协会会长宏皓指出："随着社交网络的繁荣和金融脱媒化趋势的形成，互联网金融序幕正式拉开，并且已经开始影响到我国的经济和社会生活。在不久的将来，在互联网金融机构和互联网金融创新的支持下，我国现有的众多行业将实现转型升级，更多基于互联网金融的创新服务将使人们的生活更为便利和舒适，同时为我们创造更多的财富。[①]"但是，在互联网金融快速发展的同时，我们也应该注意到发展过程中存在的问题。

---

① 《2015 年至 2018 年中国互联网金融发展趋势研究报告》，中国互联网金融行业协会 2015 年 2 月 8 日发布。

2014—2017 年，互联网金融连续 4 年被写入政府工作报告。由“促进健康发展”到“规范发展”，再到“高度警惕”风险，反映了监管态度从鼓励促进转变成规范和防范风险。

随着互联网金融风险专项整治工作的深入开展，监管政策陆续出台，监管与行业自律有机结合的行业管理体制逐步构建，互联网金融风险整体水平在下降，风险案件高发频发势头得到初步遏制，从业机构优胜劣汰加速，行业发展环境逐步净化。专项整治工作取得显著成效，行业规范发展态势明显，但实现建立互联网金融行业风险防范和治理长效机制的目标依然任重道远。

通过分析我国风险投资、资本市场、互联网金融的发展现状可以看出，我国的金融市场尚不发达、金融体系尚不完善，不具备“市场主导型”模式的条件。因此，就现阶段来说，“市场主导型”并非我国金融服务先进制造业模式的最佳选择。

（二）德国“银行主导型”模式的适用性

在详细分析了德国“银行主导型”金融服务先进制造业全过程模式后，我们可以了解到，在德国银行对本国先进制造业提供金融服务的过程中，政策性银行发挥了关键的作用，这与先进制造业发展中巨大的资金需求有着密不可分的联系。事实上，在先进制造业的发展过程中，我国的政策性银行也做出了巨大贡献。

中国农业发展银行、中国国家开发银行、中国进出口银行是我国的三大政策性银行。其中，中国农业发展银行承担农业政策性金融业务，为农业和农村经济发展提供服务；中国国家开发银行主要通过开展中长期信贷与投资等金融业务，为国民经济重大中长期发展战略提供服务；中国进出口银行的主要职责是贯彻执行国家产业政策、对外经贸政策、金融政策和外交政策，为扩大中国机电产品、成套设备和高新技术产品出口，推动有比较优势的企业开展对外承包工程和境外投资，促进对外关系发展和国际经贸合作，提供政策性金融支持。由此可看出，为我国先进制造业提供金融服务的政策性银行主要是中国国家开发银行和中国进出口银行。

近年来，国家开发银行已为“中国制造 2025”、智能制造等重大工程方面提供了巨大的支持。“中国制造 2025”实施 3 年以来，国开行累计发放制造业贷款超万亿元。2017 年发放制造业贷款 3350 亿元、战略性新兴产业贷款 3443

亿元[①]。

2018年，国开行继续大力支持先进制造业和科技创新，推进制造强国建设。发挥开放性金融市场的作用，重点聚焦于制造业的基础性、战略性、先导性领域；继续围绕五大工程、十大领域，把发展智能制造作为主攻方向，发展智能电动汽车产业，支持集成电路产业，推动集成电路二期基金加快设立；支持工业强基、重大装备专项工程，以及工业企业技术改造；积极对接"中国制造 2025"国家级示范区建设，培育世界级先进制造业集群，推动中国制造向中高端迈进。

除此之外，进出口银行也在金融支持制造业发展方面取得了骄人的成绩。自成立以来，进出口银行始终坚定不移地服务于国家战略。据人民日报2017年12月25日报道，截至2017年11月末，中国进出口银行支持"中国制造2025"贷款余额近7000亿元，同比增长超过30%。贷款余额排名前三位的领域分别为电力装备、海洋工程装备及高技术船舶和先进轨道交通装备，均是"中国制造2025"明确的重点领域。作为我国企业"走出去"政策性融资主渠道，进出口银行与党中央、国务院始终保持高度一致，全力推动制造业"走出去"，重点支持并带动了通用设备、专用设备、汽车、铁路、船舶、航空航天、电气机械和器材、计算机通信、仪器仪表、金属制品等领域的制造业"走出去"。在"走出去"过程中，进出口银行除发挥境外投资贷款等多项传统信贷业务的优势之外，还整合出台了多种创新业务，如进口信贷、出口基地建设贷款等多项支持装备制造业发展的创新信贷业务，在装备制造企业提高自主创新能力，应用新技术、新设备、新工艺、新材料，开发新产品，促进科技成果的应用转化和产业化等方面提供了有效的资金支持。

以上种种均表明我国政策性银行在先进制造业发展过程中提供了巨大的支持与帮助。在我国先进制造业今后的发展过程中，国家开发银行和进出口银行应继续发挥政策性银行的职能和作用，大力加强内外部合作，不断完善政策性金融服务手段，推动我国先进制造业在"走出去"的过程中走得更稳、更好。

---

① 2018年3月14日，中国证券报记者专访——全国政协委员、国家开发银行行长郑之杰。

三、我国金融服务先进制造业全过程能力提升的目标模式

我国实体经济融资的渠道主要包括直接融资、间接融资、自筹、民间借贷、政府扶持等。当前，金融服务实体经济过程中存在的主要问题是实体经济融资难、融资贵，特别是中小企业融资渠道窄。根据中国人民银行统计数据，截至2018年8月末，我国社会融资存量为188.8万亿元。其中，本外币贷款余额为132.87亿元，占比70.38%；企业债券余额为19.51万亿元，占比10.33%；非金融企业境内股票余额为6.93万亿元，占比仅为3.67%。由此看出，在金融业支持我国实体经济发展的过程中，银行仍占主导地位。

考虑我国目前经济、金融环境和企业发展需求等客观因素，金融服务先进制造业全过程的最佳模式应为“银行主导型”。但是我国的“银行主导型”与德国存在一些不同，我国金融业实行分业经营，银行业为先进制造企业提供的服务仅限于存贷款业务以及其他一些中间业务，因此，我国在由银行主导为先进制造业提供金融服务的模式下，还需要证券、基金、保险、信托等传统金融行业和互联网金融等新兴金融形式广泛且有效参与。除此之外，还需要政府健全相应的法律法规体系，完善金融监管，提供政策支持。只有政府和金融体系相互配合，共同作用，才能不断提升我国金融服务先进制造业全过程的能力，实现先进制造业持续、快速发展。

第二节　我国金融服务先进制造业全过程能力提升的路径选择

前文已确立了提升我国先进制造业全过程金融服务能力的“银行主导型”目标模式，下一步，我们需要明确在这种模式下，通过何种路径才能实现金融服务先进制造业全过程能力提升的最终目标。

通过现状分析和实证研究，我们了解到，虽然在我国先进制造业发展的过程中，金融体系提供了有力的支持，但金融发展本身存在的规模有限、结构不

合理、效率低等问题，大大制约了先进制造业服务能力的提高。只有解决这些问题，才能真正有效地提高金融服务能力，助力先进制造业发展。

综上所述，本节在“银行主导型”模式下，选择扩大金融规模、改善金融结构、提高金融效率三条路径，积极探索金融服务先进制造业全过程能力提升的道路。

一、扩大金融规模

在金融为先进制造业发展提供资金支持时，一个突出的问题是金融规模总量不足，也就是直接融资和间接融资规模均有限。从金融规模整体来看，虽然与直接融资相比，间接融资的规模较大，但仍无法满足先进制造业的资金需求。这是因为银行基于自身风险管控的角度考虑，将大量资金贷放给了信用较高、资质较好的大型国有企业，贷放给先进制造企业的资金有限。为了摆脱这一困境，可以借鉴德国的做法，建立专门服务于先进制造企业的政策性银行。除此之外，还可以加强商业银行与其他非银金融机构的合作，通过风险共担分散商业银行向先进制造企业发放贷款的风险。

（一）尝试建立先进制造业政策性专业银行

国家开发银行是我国重要的政策性银行，能为先进制造业的发展提供长期资金支持。但是，由于国家开发银行并不是专门针对先进制造业的专业政策性银行，其还承担着为国家重大基础设施提供资金支持的重任，无法有效满足众多中小先进制造企业的资金需求。因此，国家可尝试建立先进制造业政策性专业银行，利用政策性信贷资金利率低、期限长的特点，支持重点先进制造企业发展，提高企业的核心竞争力。

（二）深化商业银行与非银行金融机构的合作

在为先进制造业提供资金支持时，商业银行可以大力开展银团贷款业务，加强管控能力，完善风险控制体系。针对先进制造业投资大、周期长、风险大的特点，国有商业银行应充分发挥规模优势，积极主动加强与地方性商业银行、股份制银行的合作，加大与信托公司、证券公司等金融机构的业务联系，建立银团贷款联盟，建立降低单个金融机构风险的风险分担机制。

二、改善金融结构

与间接融资相比，我国金融市场的直接融资规模较小，金融结构失衡，无法满足先进制造企业直接融资的需求，严重制约了先进制造企业的发展。借鉴美国先进制造业发展过程中金融支持的经验，我国应积极发展多层次资本市场，扩大先进制造业的直接融资比例。具体可以从以下四个方面入手：①推进先进制造中小企业板建设，使更多中小先进制造企业可以上市融资。②加快先进制造创业板市场建设，使科技创新型先进制造企业获得发展所需资金。③完善先进制造场外交易市场，使其更好地为非上市先进制造企业服务。④大力发展先进制造企业债券市场，优化融资结构。

（一）推进先进制造中小企业板建设

推进中国中小企业板建设，首先应明确中小企业板的定位：中国中小企业板是介于创业板市场和主板市场之间的一个重要的资本市场层次，服务对象是已经进入快速成长期、盈利相对稳定的创新型中小企业。基于中小先进制造企业融资困难的现状，中小企业板应针对先进制造业具体行业的发展前景、企业规模，放宽上市条件，为其上市提供快捷方便的服务。为了切实推动先进制造创新型中小企业发展，需要在中小企业板的发行标准、发审制度、交易和监管制度方面进行创新。首先，在发行上市标准方面，不仅要注重中小先进制造企业的企业规模、盈利能力，还要关注其科技创新能力、企业成长空间等。其次，在发审制度方面，应提高中小先进制造企业发行审核的效率，简化审核程序，缩短发审时间。最后，在交易和监管制度方面，应完善适合先进制造业中小企业板上市公司的小额融资机制和退出机制等。

（二）加快先进制造创业板市场建设

创业板市场能够为处于成长初期的创新型企业提供资本市场的各项服务，使企业能够获得成长所需资金，推动科技创新成果商品化。为了进一步支持先进制造业创新型发展，需要在其上市标准、发审制度等方面进行调整。在发行上市标准方面，由于待上市的先进制造企业处于发展初期，负债多，技术成果少，其财务状况并不理想，所以更应注重企业的研究开发能力、成长潜力等指标，降低对企业财务状况、经营成果等标准的要求。在发行审核与上市制度方面，应简化审核程序，提高审核效率，充分发挥市场的作用，使资本市场更好地为创新型先进制造中小企业服务。此外，由于创业板市场服务于成长初期的高科技企业，其风险通常高于其他资本市场，所以必须建立企业的退市机制及有效的兼并收购管理机制，控制整体风险，改善投资环境，使创业板市场安全平稳地运行。

（三）完善先进制造场外交易市场

我国应借鉴美国金融支持先进制造业发展的经验，积极完善先进制造场外交易市场。场外交易市场为处于初创期的中小先进制造企业提供了一个较为理想的融资渠道，当这些企业通过场外交易市场得到了快速发展后，则可以进入到主板市场。全国中小企业股份转让系统，作为我国的场外交易市场，是多层次资本市场结构中重要的组成部分，也是高新技术企业进入资本市场的孵化器。完善全国中小企业股份转让系统，首先要有明确的定位；其次要制订比主板市场和中小企业板市场上市更为宽松的标准和条件；最后应引入做市商制度，提高市场的流动性。

（四）大力发展先进制造企业债券市场

与股权融资相比，债权融资的成本更低，资产的流动性更好，是先进制造企业获得资金的重要来源。但是目前我国债券市场尚不成熟，一级市场债券品种少，二级市场几乎没有，同时缺乏规范的评估机构。先进制造企业通过债券市场获得的融资较少，中小先进制造企业几乎无法发行企业债券。因此，我国应规范并大力发展企业债券市场，扩大企业直接融资比例，支持制造业转型升级，向高端先进制造业发展。具体而言，发展企业债券市场可以采取以下措施：①完善企业债券发行和交易各个环节的法律法规。②推进公司债券流通市场建设，提高公司债券的流动性。③按照市场化原则确定先进制造企业的债券利率。④发展中小先进制造企业中长期债券。只有逐渐完善我国的债券市场，才能改变我国先进制造业上市公司严重依赖股权融资的现状，为企业拓宽融资渠道，优化融资结构提供良好的金融环境。

三、提高金融效率

结合我国金融服务先进制造业发展的现状可知，金融效率不高的一个原因是与先进制造企业相匹配的金融产品和服务不足。除此之外，金融体系不完善、金融制度不健全，也大大降低了金融效率。由此看来，深化金融产品创新、健全金融体系是提高金融效率的关键。

（一）深化金融产品创新

目前，贷款是先进制造业最主要的融资方式，因此，金融机构首先应根据先进制造企业的类型和发展阶段，有针对性地发展多样化、个性化的贷款形式；其次，充分利用国际融资市场，根据先进制造业的特点丰富融资方式；最后，结合当前的社会发展，创新金融服务模式。

1. 发展多种形式的贷款

国家应推动金融业全方位服务于“中国制造 2025”，引导金融机构增加中长期贷款投入，加大对先进制造企业的支持力度。第一，根据先进制造业绿色化发展的特点，金融机构可以大力发展碳排放权抵押贷款、排污权抵押贷款等绿色信贷业务。第二，金融机构可以开发自主品牌、商标专用权等企业无形资产质押贷款业务，增强我国先进制造业的国际影响力。第三，金融机构可以根据先进制造企业所在子行业的发展现状、前景，企业自身的规模、市场占有率等，对企业进行细致划分，制订有差异性的融资方案。例如，对行业发展前景好、规模大的骨干企业，经济效益优良、技术创新型的中小企业实行优惠利率政策；为发展前景广阔、成长空间大的企业提供票据融资、融资租赁等金融产品及服务；对信用评级高、信用记录良好的企业适当扩大信贷规模。第四，金融机构可探索企业联盟贷款模式，以增强核心企业对相关企业的带动作用。

2. 丰富融资方式

先进制造企业生产的产品因附加值高，通常市场价格较高，使得需求方难以一次性付款，赊购及分期付款较为常见，因此先进制造企业有许多应收账款。基于此，金融机构可以着力发展先进制造企业应收账款融资，扩大应收账款质押融资规模。

由于先进制造业的技术研发投入大、风险高，国家应大力推动重大技术先进保险补偿机制，加大中国保险投资基金对先进制造业转型升级项目的投入力度，鼓励保险资产管理机构加快资产管理产品创新，为先进制造业提供资金支持。

除了丰富国内融资方式，先进制造企业还可以充分利用国际市场融资，如利用国际商业银行贷款、国际金融机构贷款，以及在国外资本市场上的发行股票、债券融资。

3. 创新金融服务模式

金融机构在提供传统金融产品和服务之外，还应根据目前经济社会的发展，不断创新金融服务模式，如投贷联动金融服务模式和供应链金融服务模式。投贷联动金融服务模式是指银行采用成立类似风险投资公司或基金的方式，在严格的风险隔离基础上，对创新企业给予资金支持，以实现银行业的资本性资金的早期介入。投贷联动金融服务模式不仅可以缓解轻资产先进制造企业资金短缺的压力，也可以使银行获得投资收益以覆盖部分放贷资金。在这一新型金融服务模式下，银行不仅可以与其他非银行金融机构合作，建立“银行、政府基金、担保公司、保险公司”的风险共担和分散补偿体系，还可以借助集团内投资子公司开展“自投自贷”的联动模式，或积极与创业投资、风险投资等机构开展“股权＋债权”的联动模式，探索更有效的投贷联动模式、风险承担机制和收益共享机制。

供应链协调发展是产业链发展的基础，是实现先进制造业快速发展的重要依托。商业银行可以将规模较大、发展状况良好的先进制造企业作为供应链金融服务的核心企业，在详细了解上下游企业的实际情况后，量身定制供应链金融方案，为供应链中的上下游企业提供融资服务，提高资金使用效率，优化供应链生态环境，逐渐向全产业链金融升级，建立产融结合生态圈。与此同时，产业链各层次企业和各类金融机构应积极与人民银行应收账款融资服务平台实行对接和共享，共建全程高效的供应链金融服务模式。

（二）健全金融体系

目前，我国金融机构种类繁多、各种融资方式并存，这种情况固然能使金融市场时刻保持活力，但由于存在诸如民间资本使用不规范等问题，也在一定程度上降低了金融市场的效率。因此，健全金融体系，规范民间资本，是提高金融效率的有效途径。除此之外，先进制造业可以通过设立金融类型子公司的方式，为自身提供金融服务，从而提升金融服务效率。

1. 规范及利用民间金融资本

民间资本指的是民营企业的流动资产和家庭的金融资产，即私营企业和个人的资金。我国自改革开放以来，经济高速发展，在创造了大量社会财富的同时，也积累了大量的民间资本，这些民间资本有 2/3 左右为银行储蓄存款。但是，由于商业银行更多考虑到资金安全和运营成本的问题，作为民间资本主要创造者的民营企业却很难从银行获得贷款。

一方面，先进制造业发展需要大量资金；另一方面，巨额的民间资本没有畅通的投资渠道，为了解决这对矛盾，达到互利共赢的局面，国家应进一步放宽政策，鼓励民营银行、民营信托的发展，引导民间资本投向先进制造业等支柱产业。事实上，我国的民间资本已经在促进先进制造业发展方面起到了积极作用。

2013 年 9 月 24 日，拥有国际领先技术的 4 万吨大型模锻液压机在西安阎良国家航空高技术产业基地试验成功，该项目半数以上的资金是民间资本。由此可见，民间资本能够参与并有效推动制造业的转型升级。

因此，我国应尽快完善相关法律法规，拓宽民间资本投资领域，引导与鼓励民间资本投向先进制造业，促进我国先进制造业快速、持续发展。

2. 支持企业建立财务公司

我国的财务公司是经济和金融体制改革的产物，隶属于大型集团的非银行金融机构，以中长期金融业务为主，为企业技术改造、新产品开发及产品销售提供金融服务。财务公司可以将集团公司内部企业的闲散资金集中起来，利用了解本集团内生产企业运营情况的信息优势，及时为资金短缺的企业提供资金，确保企业再生产的顺利进行。除此之外，财务公司还可以根据集团的发展战略和各企业的生产经营特点，开展一些其他业务，如票据、买方信贷等，在企业扩大销售、减少库存等方面发挥积极作用。

现阶段，建立财务公司不存在制度和体制上的限制，因此建立财务公司是缓解目前我国先进制造业融资困境的现实选择之一。先进制造企业财务公司可为客户提供租赁、抵押、保险、信贷、融资等金融服务，在满足现实客户需求的同时开发潜在客户，最终成为能为先进制造企业发展提供全程配套服务的金融机构。

3. 支持厂商设立附属类租赁公司

除财务公司之外，条件成熟的先进制造企业还可以设立附属类租赁子公司，专营母公司产品的融资租赁业务。这样先进制造企业不仅可以更方便快捷地获得高效的金融服务，还能拓展业务领域，进而推动主营业务不断发展壮大。

在附属类租赁公司为先进制造厂商提供金融服务的过程中，政府和金融机构可以从以下三方面为租赁公司提供支持：

（1）增加收入渠道。利用厂商附属类租赁公司对租赁物的专业管理经验、对设备余值的估价和处置能力，发展先进制造业二手设备市场，试点二手交易融资租赁，增强市场活力。同时应推进租赁公司资产证券化，为租赁公司开展资产管理和交易业务提供必要的市场平台。尝试允许信用评级高的租赁公司向金融机构和非金融机构转让应收租赁款，使租赁公司能够通过出售以及重组现有资产获得手续费和价差收入，增加交易收入。

（2）拓宽融资渠道。放宽直接融资限制，对信用评级高的融资租赁公司，试点取消发债事前审批，改为事后监管与额度控制。支持融资租赁企业积极向新加坡等境外经济体发放人民币贷款。试点租赁公司海外发行人民币债券，在取消事前审批的基础上，给予更大的授信额度，积极开展跨境人民币双向资金池业务，在保障专款专用的基础上允许“外债内用”。

（3）创新信贷政策。基于设备价值给予租赁公司更大的融资便利，尝试允许租赁公司以融资租赁合同为抵押物进行融资；同时先人民币后外币，有步骤有条件地放宽厂商附属类租赁公司的外债比例限制；以先进制造业产品为试点，放宽技术类无形资产融资租赁比例限制。

第三节　我国金融服务先进制造业全过程能力提升的策略安排

在明确了“银行主导型”金融服务先进制造业全过程能力提升的模式和“扩大金融规模、改善金融结构、提高金融效率”的路径后，下一个需要解决的问题就是采取哪些举措才能沿着已选择的道路顺利实现“提升金融服务先进制造业全过程能力”的目的。

为实现这一目标，一方面需要金融体系自身的发展和支持，另一方面离不开政府的辅助和监管。因此，本节将从完善金融体系服务和发挥政府辅助作用两方面入手，结合先进制造业全过程前、中、后三个阶段的金融需求，探讨有效提升我国金融服务先进制造业全过程能力的策略。

一、完善金融体系服务

根据信用业务形式的不同，金融机构可以划分为银行和非银行金融机构两大类。根据前文的实证结论，目前以银行贷款为代表的间接融资是先进制造业的主要资金来源，可以说，在融资方面，银行对先进制造业的服务效果更好。因此，在为先进制造业提供服务时，银行一方面要继续发挥资金支持优势，另一方面应更加注重其他金融服务，根据先进制造企业发展过程中的需求不断创新金融产品、提高金融服务质量；非银行金融机构可以从加强资金支持方面入手，完善多层次资本市场，通过多元化金融服务助力先进制造业发展。

（一）发挥银行资金支持优势，提升金融服务质量

银行对先进制造企业的金融服务主要体现为贷款支持，其中政策性银行主要在先进制造业全过程的前期阶段提供贷款，商业银行则是在中后期。除了融通资金外，商业银行还提供保理、承兑等服务，以降低先进制造企业的经营风险。政策性银行是由政府创立，以贯彻政府的经济政策为目标，不以营利为目的的金融机构，而商业银行的经营则以营利为目的，二者有本质上的区别。因此，在提升银行对先进制造业的服务质量时，也应采取不同的手段和方法。

1. 政策性银行

前文我们了解到，德国最大的政策性银行——德国复兴信贷银行，在先进制造业的融资过程中发挥了至关重要的作用。我国政策性银行在提升自身服务能力时，可以参考德国复兴信贷银行的某些做法，完善服务中的缺陷与不足。

一方面，政策性银行应继续发挥资金支持优势，对国家确定的重点产业、战略产业进行长期低利投资，并引导民间资金流向相关产业，支持相关产业的发展。对于重大科技研发，政策性专业银行应给予特殊信贷支持，制订有针对性的融资方案，在利率方面予以倾斜。加大对先进制造企业的政策性优惠贷款规模，在市场利率基础上，合理制订利率浮动范围以减轻先进制造企业的利息负担，降低先进制造产品的生产成本，提升我国的先进制造业在国际市场上的竞争力。待所支持的产业经营风险降低、盈利预期稳定、商业性资本支持充足后，政策性银行应逐渐退出，以提高资源利用率，实现社会资源的高效配置。

另一方面，政策性银行可以效仿德国复兴信贷银行，为初创企业和高新技术产业成立单独的子银行，以便提供更具针对性的服务。由于初创企业风险较高，政策性银行在经营中应充分考虑风险分散的问题。在为企业提供贷款时，政策性银行可以不直接与企业发生业务往来，而是通过商业银行完成。同时，政策性银行可以为这笔贷款的一部分提供担保，商业银行可以要求贷款申请人提供相应的贷款抵押，这样，贷款风险不仅可以降低，而且可由政策性银行和商业银行共同承担。

2. 商业银行

先进制造业不仅是为国民经济和国防建设提供先进技术的基础性、战略性产业，同时也是商业银行新的金融服务领域。先进制造业一方面可以为商业银行带来新的盈利增长点，另一方面可以帮助商业银行实现自身经营模式的战略转型。在改进对先进制造业的服务时，商业银行可以从以下两方面入手：

一是积极发挥网络渠道、业务功能协同等优势，为先进制造业企业提供综合性金融服务。商业银行首先可以制订针对先进制造业的信贷政策，明确优先支持具备自主创新能力的先进制造业，包括国家积极培育的高端制造业和传统制造业的转型升级；其次，通过支持符合产业转型升级要求的技术改造项目，积极拓展龙头企业及其上下游供应链融资，完善综合化金融服务，帮助企业做大做强；最后，充分发挥国际化、综合化经营优势，积极开展衍生交易类等业务，帮助企业“走出去”，为制造业企业的优势富余产能输出和发展壮大提供有力的金融支持。

二是完善银行机构组织架构，提升金融服务专业化水平。首先，商业银行可以探索建立先进制造业融资事业部，加强对信息技术、高端先进、新材料、生物医药等战略重点行业的专业化支持。其次，商业银行可以在新型工业化产业示范基地等先进制造业聚集地区设立科技金融专营机构，在客户准入、信贷审批、风险偏好、业绩考核等方面实施差异化管理。最后，商业银行应积极推动小微企业专营机构建设，针对先进制造业中量大面广的小微企业、民营企业，提供批量化、规模化、标准化的金融服务；同时，完善小微企业授信工作尽职免责管理制度，激励基层机构和信贷人员支持中小微制造业企业发展。

（二）加强非银行金融机构资金支持，提供多元化金融服务

在满足先进制造业发展过程中的融资需求方面，股票、债券等直接融资方式发挥的作用十分有限，这种情况对高新技术的发展和创新成果的产业化十分不利，严重阻滞了产业结构转型和产业升级的进程。因此，加强非银行金融机构的直接融资支持，是先进制造业发展过程中的必经之路。除此之外，非银行金融机构也要不断进行金融产品创新，为先进制造业提供更多元化、高质量的金融服务。下文将根据各类非银行金融机构不同的特点，探讨提升金融服务先进制造业全过程能力的路径。

1. 证券公司

证券公司应大力发挥直接融资的功能，为先进制造业发展提供更充裕的资金。具体可以从以下三方面支持先进制造企业直接融资：

首先是充分发挥股权融资作用。第一，证券公司应积极支持符合条件的优质、成熟制造企业在主板市场上市融资，促进重点领域制造企业做大做强；加快推进高新技术制造企业、先进制造企业在中小板、创业板、全国中小企业股份转让系统和区域性股权交易市场上市或挂牌融资，充实中长期资本实力。第二，证券公司可以从上市融资企业储备库挖掘创新能力强、成长性好的先进制造企业进行重点扶持。第三，证券公司应支持先进制造企业在境外上市融资，提升中国制造企业的国际竞争力。第四，证券公司可以鼓励制造企业通过资本市场并购重组，实现行业整合和布局调整优化，支持中西部地区承接产业转移。

其次是支持制造企业发行债券融资。第一，证券公司应充分发挥公司信用类债券间的协调机制作用，支持符合条件的制造企业发行公司债、企业债、短期融资券、中期票据、永续票据、定向工具等直接融资工具，拓宽融资渠道，降低融资成本，调整债务结构。第二，证券公司可以设计开发符合先进制造业和战略新兴产业特点的创新债券品种。第三，证券公司应支持高新技术产业开发区的园区运营机构发行专项债务融资工具，用于建设和改造园区基础设施，并为入园入区制造企业提供信用增信等服务。

最后是支持制造业领域资产证券化。第一，证券公司可以将符合国家产业政策、兼顾收益性和导向性的制造业领域信贷资产作为证券化基础资产，发行信贷资产证券化产品。第二，证券公司可以鼓励制造企业通过银行间市场发行资产支持票据，通过交易所市场开展企业资产证券化，增强企业流动性。第三，证券公司应大力推进高新技术、智能制造、节能及新能源等先进制造企业的融资租赁债权资产证券化，拓宽制造业融资租赁机构的资金渠道，以便更好地服务于企业技术升级改造。

2. 保险公司

保险公司不仅可以转移先进制造企业生产经营过程中存在的风险，还可以运用保险资金对先进制造企业进行投资。因此，可以从这两方面入手，增强自身服务先进制造业的能力。

一方面是积极开发促进先进制造业发展的保险产品。第一，保险公司应大力发展企业财产保险，在产品开发阶段提供专利保险，在生产技术准备阶段提供科技保险，在产品生产过程中提供安全生产责任保险等保险业务，为制造业提供多方面的风险保障。第二，保险公司可以发展先进制造业贷款保证保险，在市场分析和产品售后阶段提供资金支持，保障资金链的有效连接和企业资本的流动性。第三，保险公司可以开展轻资产、科技创新型先进制造企业保险补偿机制试点工作，推动重大技术和关键零部件市场化应用，有效推动制造业转型升级。

另一方面是扩大保险资金对先进制造领域的投资。第一，保险公司可以充分发挥保险资金中长期资金的优势，在符合保险资金运用安全性和收益性的前提下，通过债权、股权、基金、资产支持计划等多种形式，为制造业转型升级提供低成本稳定资金。第二，保险公司可以与商业银行进行信息共享、优势互补，合作开展先进制造领域股债结合、投贷联动等业务，共同推动先进制造业前期市场准备和后续客户维护等工作的顺利进行。第三，保险公司可以投资设立专门的制造业保险资产管理机构，避免在产品生产过程中出现资金中断的问题。

3. 信托公司

目前，在信托公司的持股结构中，制造业股票占很大比例。由此看出，在融资方面，信托公司对先进制造业提供了很大的支持。除了资金支持外，信托公司为先进制造业提供的其他服务情况不是十分乐观。

当前，新能源、新材料、生命工程、信息技术和移动互联网、节能环保、新能源汽车、人工智能和高端先进制造等领域发展得如火如荼。未来，信托行业要深耕此类产业，将眼光投向先进制造业等未来的支柱性产业，从项目开拓、管理流程、风控标准、投资形式等各个方面进行有效设计，真正做到服务实体经济，实现长足发展。面对经济结构调整和转型升级，信托公司要打造自己的核心竞争力，紧抓供给侧改革、制造业升级、绿色发展、区域发展战略、“一带一路”、财富管理等市场机遇，通过投贷联动、资产证券化等形式，深入产业链条，更好地服务实体经济。

4. 期货公司

目前，国内制造业转型升级面临着资金、技术、人才以及现代化风险管理经验不足的问题。在制造业转型升级的过程中，期货公司应充分发挥自身的优势和长处，为我国制造业创新发展做好风险管理服务。期货公司可以从以下两方面提升对先进制造企业的风险管理服务能力：

（1）积极引导企业树立并强化风险管理意识，帮助甚至代理这些企业管理生产经营风险。期货公司应充分利用场内场外两个市场，运用期货、期权、互换和远期等各种工具为国内先进制造企业提供个性化的风险管理解决方案，并提供便利融资、降本增效的产品和服务。

（2）进一步丰富期货市场的基础产品和场外衍生品市场的产品。期货公司可以根据先进制造企业的需求不断开发新的工具来规避原材料、产成品价格波动的风险，从而促使制造业转型升级形成良性循环。此外，期货公司应进一步增强期货市场的价格发现功能，合理配置市场资源，促进产业结构调整，化解部分行业产能过剩的矛盾。

5. 担保公司

担保公司为初创期的先进制造企业提供担保，能使先进制造企业的信用增级，从而更易获得贷款。但是一直以来，我国融资担保行业成本偏高，近年来机构数量持续减少，担保规模下降，呈现“小、散、弱”的特点。因此，提升担保公司对先进制造企业的服务能力对先进制造业的发展起着不可小觑的作用。

目前，担保公司服务的主要对象为中小企业，这能在很大程度上解决中小企业融资难的问题。为了更好地服务于中小先进制造企业，担保公司除了提供担保服务外，还可以在中小型制造业企业转型、调整结构、引入先进技术和管理模式的过程中，根据企业的不同需求创新金融产品并提供增值服务，如管理咨询、财务顾问、信用建设辅导、理财辅导、投资投行类辅导等，打造中小企业金融服务专家品牌。

6. 金融租赁公司

金融租赁公司作为非金融机构的重要组成部分，不仅可以在生产阶段为先进制造企业购买机器设备提供资金，还可以在产品销售阶段为先进制造企业的对手方提供融资，大大加快了先进制造企业的资金周转速度。

金融租赁公司应大力发展直接租赁、售后回租等业务，充分发挥融资租赁业务支持企业融资与融物的双重功能，通过“以租代购”、分期偿还等方式，支持先进制造企业实施设备更新改造和智能升级。同时，金融租赁公司可以通过为买方提供资金融通，在大型飞机、民用航天、先进轨道交通、海洋工程和高技术船舶、智能电网成套设备等高端先进重点领域对扩大市场和提高国际竞争力起到有效的积极作用。

二、发挥政府辅助作用

在提升金融服务先进制造业全过程的能力时，政府可以起到保障和补充的作用，主要途径包括健全法律制度，加强金融监管；制定相关政策，提供政策支持。

（一）健全法律制度，加强金融监管

目前，我国金融体系法律法规仍不健全，主要表现为立法的滞后。由于金融法律法规存在部分漏洞，投机行为时有发生，使得金融体系的风险不断积聚，不仅影响了金融体系自身的发展，也阻碍了实体经济的发展。因此，必须推进立法建设，解决法律风险问题。实施差别监管，推进立法建设，逐步完善相关的法律法规，细化监管职责，明确需要监管的主体，在传统金融运营模式的基础上，及时对新兴金融服务形式进行规范。

1. 健全法律制度

在健全我国金融体系法律制度方面，可以从以下两方面入手：

（1）改革银行体制。目前中国金融体制有如下两个特征：一是金融体系以银行信用为基础，且国有银行在银行业市场已经构成了明显的寡占；二是政府对金融的价格管制和规模管制仍然存在，计划经济的观念仍然严重影响着金融市场。改革当前计划性的银行体制，形成有效的市场竞争机制，不但要培育银行业多元化发展的生态环境，也要培育能够自担风险、独立经营的银行主体，从而达到降低整个金融体系的风险、拓宽科技型中小企业融资渠道和激发产业结构升级活力的多重目的。政府及相关部门应从法律、制度层面进一步明确银行在不良贷款处理过程中的主体地位，赋予银行更多、更宽泛的自主权利。综合运用多种手段提升资产质量，降低信贷资金沉淀率，规避不良贷款激增对利润的过度侵蚀现象。

（2）改善资本市场层次结构。参考成熟的资本市场体系可以发现，主板上市公司、中小企业板上市公司、创业板上市公司和场外交易市场挂牌公司数量一般呈递增趋势，中国资本市场的风险层次结构与成熟资本市场恰恰相反。这不但限制了资本市场实现自发筛选的功能，也抑制了小企业的创新积极性，场外交易市场在为风险投资、私募基金和公司投资者提供退出渠道方面的优势也由于其力量过于单薄而无法体现。因此，突破资本市场局限性应从新三板市场

入手。一方面，在进一步推进新三板市场扩容的同时，加快新三板市场法制建设的步伐，出台针对交易主体和交易制度的翔实全面的法律法规。另一方面，尽快建立转板机制，打通多层次资本市场体系的转换通道。借鉴美国的经验，结合上市制度、退市制度和转板制度，规范转板的条件和程序，在不同层次的市场内建立双向转板机制，改善场内外市场的流动性，降低企业在场内外上市、退市和转板的成本。

2. 加强金融监管

在加强我国金融市场监管方面，可以从以下两方面入手：

（1）转变监管模式。目前，我国市场流动性和银行信贷供给量十分充裕，但社会融资规模不足，这表明银行间宽松的流动性并没有传递给实体经济，而是在金融机构内部“空转”。面对这种情况，政府应加强金融监管，限制金融产品中的“多层嵌套”，引导资金“脱虚向实”，实施穿透式监管，按照“实质重于形式” 的原则，厘清金融业务和行为的性质，将资金来源、中间环节和底层资产完全串接起来，推进机构监管向功能监管和行为监管转变，从根本上消除监管套利、监管空白。除此之外，政府还应加强监管协调，统筹监管重要的金融机构和金融控股公司，统筹制订跨市场交叉性金融产品监管规则。

（2）强化互联网金融监管。互联网金融本质上是对信用风险的定价，因此需要有严格的市场准入制度和信用风险识别机制，在后续发展和完善的过程中需要界定和强化监管机构的监管职责，同时建立风险预警机制。由于横跨不同金融部门，互联网金融产品也易于突破监管的范围。因此，需要做好顶层设计，开展跨部门金融监管合作，明确各部门之间的分工与合作，制订横跨金融部门的监管方案，让互联网金融为中国产业结构转型升级提供积极动力。

（二）发挥引导作用，提供政策支持

除了健全法律制度、完善金融监管外，政府还可以充分发挥引导作用，通过制定一系列支持金融行业发展的相关政策，提升金融服务先进制造业全过程的能力。

1. 引导金融机构支持先进制造企业发展

一方面，政府要加大财政投入的力度，对那些技术好、市场前景广、带动性强的重大科技成果转化项目进行资助。在设立制造业专项发展基金的同时成立专门的管理部门，确保资金被用于支持和鼓励重点先进制造业关键领域的技术研究与创新，从而加快制造业技术改造步伐。

另一方面，政府要出面协调、引导金融机构支持先进制造企业创新发展，确保先进制造企业有充足的发展建设资金。政府可以通过设立创业投资引导基金，引导创业投资企业加大对先进制造业和先进技术服务领域初期企业的资本投入；可以引导银行与企业建立合作，定期组织企业创新项目推荐洽谈会，引导风险投资机构参与企业的发展；还可以鼓励银行等金融机构丰富、创新金融产品，完善信用担保体系，降低企业信贷门槛，简化企业信贷手续，为先进制造企业提供更加方便、快捷的信贷服务。

2. 提供贷款担保

如前所述，政策性银行可以通过担保的方式分散商业银行的贷款风险，同理，政府也可以加强对贷款的反担保支持，以政策性担保弥补中小企业缺乏有效抵押担保的弱质性。参考德国的经验，联邦政府和州政府提供了两级反担保，如果贷款发生损失，德国担保银行也仅承担损失的 16%～32%。目前，中国中小企业信用担保机构承担 80%～100%的贷款损失，对于这种情况，各级政府应积极加大反担保力度，增强中小企业的融资能力，提升金融业服务中小先进制造企业的水平。

3. 制订差别利率

政府可以通过制订差别利率，影响企业资金成本和金融机构的投资方向，从而鼓励先进制造业发展。具体方式有两种：一是制订不同的官定利率。国家针对不同产业贷款规定不同的官定利率，官定利率较低者属于优惠利率。二是规定低于市场均衡水平的利率，形成官定利率与市场利率并存的情况。

在“银行主导”模式下，政府不需要对金融机构的具体贷款事项进行规定，而是在遵从金融机构的收益性、流动性、安全性原则的基础上，运用政策倾斜，使金融机构选择重点行业中发展潜力较好的企业进行放贷，进而促进该类企业快速发展，促进该产业的升级。

4. 调整外资政策

外资在我国先进制造业的发展过程中起到了很大的积极作用，在一定程度上缓解了先进制造业企业融资困难的问题。我国利用外资引进了许多技术设备，缩小了与发达国家之间的技术差距。合资企业给我国先进制造业带来先进管理方法与经验的同时，也培养了大批技术人才，提高了我国先进制造业的国际竞争力。但是，除了积极作用外，我们也应该看到外资的消极影响。外国资金投入到我国的先进制造业企业，目的是获得利润，虽然能够带来先进的技术，但一定不具备核心竞争力。如果我国先进制造业企业过度依赖外资的技术溢出，则会逐渐丧失自主创新能力。

因此，现阶段，在利用外资的过程中，政府可适当采取如下对策：①有选择地引进外资，加大对外资并购的审查力度，既要通过并购引进资金和技术，又要避免外企在我国市场上形成垄断。②利用重大项目招标，促使外资技术溢出。政府进行重大项目的招标时，要对国内企业进行倾斜，迫使外资利用捆绑招标，促进技术溢出，从而支持和鼓励我国先进制造企业的发展。

参考文献

[1]白钦先，王伟. 科学认识政策性金融制度[J]. 财贸经济，2010（8）.

[2]毕夫. 中国制造业的危机与救赎[J]. 中外企业文化，2012（12）.

[3]昌冬，田发. 我国高端装备制造业发展的金融支持研究[J]. 物流工程与管理，2016（11）.

[4]陈爱贞，刘志彪. 决定我国装备制造业在全球价值链中地位的因素——基于各细分行业投入产出实证分析[J]. 国际贸易问题，2011（4）.

[5]陈涔. 中美两国互联网金融的比较探析——基于金融功能理论的视角[J]. 长沙大学学报，2015，30（6）.

[6]陈文府. 中国制造业参与全球价值链的竞争力——基于世界投入产出表的国际比较研究[J]. 产业经济研究，2015（5）.

[7]陈虹，徐融. 中美上市公司国际竞争力研究——基于高端制造业和信息技术业的实证分析[J]. 国际金融研究，2016（4）.

[8]陈涛. 制造业金融需求新特点与金融支持路径[N]. 金融时报，2017-02-13（10）.

[9]陈平，唯实. 提升银行服务先进制造业发展的对策[J]. 现代管理，2017（4）.

[10]成力为，严丹，戴小勇. 金融结构对企业融资约束影响的实证研究——基于 20 个国家制造业上市公司面板数据[J]. 金融经济学研究，2013，28（1）.

[11]曹东坡，于诚，徐保昌. 高端服务业与先进制造业的协同机制与实证分析——基于长三角地区的研究[J]. 经济与管理研究，2014（03）.

[12]曹杰. 以融资租赁带动金融创新服务天津先进制造业[J]. 港口经济，2016（6）.

[13]程高卫. 战略性新兴产业金融支持效率研究[D]. 南昌：华东交通大学，

2014.

[14]邓子来，李岩松. 功能金融理论与我国金融体系的稳定性和效率性[J]. 金融论坛，2004（6）.

[15]邓晓虹，黄满盈. 基于扩展引力模型的中国双边金融服务贸易出口潜力研究[J]. 财经研究，2014，40（6）.

[16]段一群，李东，李廉水. 中国装备制造业的金融支持[J]. 科学学研究，2009（3）.

[17]杜传忠，李梦洋. 新型国际分工条件下中国制造业竞争力影响因素分析[J]. 中国地质大学学报（社会科学版），2011（9）.

[18]戴翔. 中国制造业国际竞争力——基于贸易附加值的测算[J]. 中国工业经济，2015（1）.

[19]龚关，胡关亮. 中国制造业资源配置效率与全要素生产率[J]. 经济研究，2013（4）.

[20]傅元海，叶祥松，王展祥. 制造业结构优化的技术进步路径选择——基于动态面板的经验分析[J]. 中国工业经济，2014（9）.

[21]戈德·史密斯. 金融结构与金融发展[M]. 上海：上海人民出版社，1996.

[22]高尚君. 着力提升金融服务能力[J]. 农业发展与金融，2012（9）.

[23]贵斌威，徐光东，陈宇峰. 融资依赖、金融发展与经济增长：基于中国行业数据的考察[J]. 浙江社会科学，2013（2）.

[24]郭利华，李海霞. 上海金融服务外包发展竞争力分析[J]. 国际金融研究，2013（7）.

[25]郭政. 德国“工业 4.0”对我国制造业发展的启示[J]. 管理论坛，2014（4）.

[26]国家统计局. 国际统计年鉴（2012）[M]. 北京：中国统计出版社，2013.

[27]国家统计局. 2017 年国民经济和社会发展公报[M]. 北京：中国统计出版社，2018.

[28]何德旭，王朝阳. 金融服务业若干理论与现实问题分析[J]. 上海金融，2003（2）.

[29]侯华伟. 欧洲、韩国船舶融资租赁及借鉴[J]. 船舶经济贸易，2006（1）.

[30]韩剑，崔雪晨. 制造业转型升级中的金融服务支持作用研究[J]. 中国海洋大学学报，2014（5）.

[31]火统梅. 生产性服务业与先进制造业协调发展的实证分析——以浙江省为例[J]. 现代经济信息，2017（20）.

[32]胡安俊，孙久文. 中国制造业转移的机制、次序与空间模式[J]. 经济学（季刊），2014，13（4）.

[33]胡杰，刘思婧. 金融发展对制造业技术创新的影响研究——以制造业技术密集度高的 9 个子行业为样本[J]. 产经评论，2015，6（2）.

[34]胡晶. 生产性服务业发展与制造业升级理论探讨[J]. 财经研究，2016.

[35]韩剑，崔雪晨. 制造业转型升级中的金融服务支持作用研究[J]. 中国海洋大学学报（社会科学版），2014（5）.

[36]黄烨菁. 何为"先进制造业"——对一个模糊概念的学术梳理[J]. 学术月刊，2010，42（7）.

[37]黄毅敏，齐二石. 工业工程视角下中国制造业发展困境与路径[J]. 科学学与科学技术管理，2015（4）.

[38]黄群慧，贺俊. 中国制造业的核心能力、功能定位与发展战略——兼评《中国制造 2025》[J]. 中国工业经济，2015（6）.

[39]黄鲁成，张二涛，杨早立. 基于 MDM-SIM 模型的高端制造业创新指数构建与测度[J].中国软科学，2016（12）.

[40]何德旭. 关于金融服务业的一个比较分析[J]. 金融理论与实践，2004（7）.

[41]何德旭，张雪兰. 营销学视角中的金融服务创新：文献评述[J]. 经济研究，2009，44（3）.

[42]蒋昭侠. 产业结构问题研究[M]. 北京：中国经济出版社，2005.

[43]姜超峰. 供应链金融服务创新[J]. 中国流通经济，2015，29（1）.

[44]姜泽华，白艳.产业结构升级的内涵与影响因素分析[J]. 当代经济研究，2006（10）.

[45]匡毅. 新能源产业的发展动力资本与金融支持的实证研究[J]. 统计与决策，2015（6）.

[46]雷蒙德·戈德斯密斯. 金融结构与金融发展（中译本）[M]. 上海：上海三联书店，上海人民出版社，1994.

[47]刘昕. 产业投资基金及其管理机构的模式选择[J]. 经济财经问题研究，2004（10）.

[48]刘继国. 制造业服务化发展趋势研究[M]. 北京：经济科学出版社，2009.

[49]刘志彪，江静. 长三角制造业向产业链高端攀升路径与机制[M]. 北京：经济科学出版社，2009.

[50]刘卓聪，刘蕲冈. 先进制造业与现代服务业融合发展研究——以湖北为例[J].科技进步与对策，2012，29（10）.

[51]刘兆麟. 湖北：先进制造业与现代服务业融合发展的思考[J]. 宏观经济管理，2012（4）.

[52]刘川. 产业转型中现代服务业与先进制造业融合度研究——基于珠三角地区的实证分析[J]. 江西社会科学，2014，34（5）.

[53]刘子赫，黄楠楠. 政策性金融的异化与回归——以韩国产业银行为例[J]. 南方金融，2015（3）.

[54]刘斌，魏倩，吕越等. 制造业服务化与价值链升级[J]. 经济研究，2016，51（3）.

[55]刘佳宁. 新常态下制造业转型升级的金融支撑[J]. 广东社会科学，2016（1）.

[56]刘明达，顾强. 从供给侧改革看先进制造业的创新发展——世界各主要经济体的比较及其对我国的启示[J]. 经济社会体制比较，2016（1）.

[57]刘宗干. 金融支持制造业发展瓶颈[J]. 中国金融，2017（23）.

[58]刘艳春，陈晨，孙凯. 金融发展促进高技术产业创新绩效分析——基于价值链视角下的空间计量研究[J]. 技术经济与管理研究，2017（12）.

[59]吕芙蓉，范蕤，吕廷杰. 基于 RosettaNet 视角的商业银行精通高服务能力跨组织协同流程研究[J]. 北京邮电大学学报. 2015，17（2）.

[60]李金华. 中国先进制造业技术效率的测度及政策思考[J]. 中国地质大学学报（社会科学版），2017，17（04）.

[61]李廉水，杜占元. “新型制造业”的概念、内涵和意义[J].科学学研究，2005（2）.

[62]李善同，高传胜. 中国生产者服务业发展与制造业升级[M]. 上海：上海三联书店，2008.

[63]李明贤，叶慧敏. 普惠金融与小额信贷的比较研究[J]. 农业经济问题，2012，33（9）.

[64]李舒翔，黄章树. 信息产业与先进制造业的关联性分析及实证研究[J].

中国管理科学，2013，21（2）.

[65]李伟庆，聂献忠. 产业升级与自主创新：机理分析与实证研究[J]. 科学学研究，2015（7）.

[66]李廉水，程中华，刘军. 中国制造业“新型化”及其评价研究[J]. 中国工业经济，2015（2）.

[67]李子奈，潘文卿. 计量经济学[M]. 北京：高等教育出版社，2015.

[68]李萌，王安琪. 经济新常态下战略性新兴产业金融支持效率评价与分析[J]. 经济问题探索，2016（5）.

[69]李建军，卢盼盼. 中国居民金融服务包容性测度与空间差异[J]. 经济地理，2016，36（3）.

[70]李杨，程斌琪. 北京市生产性服务业发展与高端制造业增长[J]. 北京社会科学，2017（10）.

[71]李扬. “金融服务实体经济”辨[J]. 经济研究，2017，52（6）.

[72]罗斯托. 从起飞进入持续增长的经济学[M]. 成都：四川人民出版社，1988.

[73]罗伦·布兰德特，约翰内斯·范比塞布洛克，王璐航等. 加入 WTO 与中国制造业企业绩效比较[M]. 北京：中信出版社，2018.

[74]林毅夫，章奇，刘明兴. 金融结构与经济增长：以制造业为例[J]. 世界经济，2003（1）.

[75]林雪. 互联网金融与商业银行业务的融合与发展研究[J]. 金融论坛，2014，19（10）.

[76]凌永辉，张月友，沈凯玲. 生产性服务业发展、先进制造业效率提升与产业互动——基于面板联立方程模型的实证研究[J].当代经济科学，2017，39（2）.

[77]蔺雷，吴贵生. 制造业发展与服务创新——机理、模式与战略[M]. 北京：科学出版社，2008.

[78]罗伟，吕越. 金融市场分割、信贷失衡与中国制造业出口——基于效率和融资能力双重异质性视角的研究[J]. 经济研究，2015，50（10）.

[79]鲁轶. 服务中资券商共拓美国市场——对提升工商银行对中资券商全球金融服务能力的思考[J]. 中国城市金融，2014（10）.

[80]马军伟. 战略性新兴产业发展的金融支持研究[D]. 长沙：长沙理工大

学，2012.

[81]马军伟. 我国金融支持战略性新兴产业的效率测度[J]. 统计与决策，2014（5）.

[82]毛海滨. 韩国造船业的发展与金融支持研究[D]. 吉林大学，2011.

[83]孟夏，陈磊. 金融发展、FDI 与中国制造业出口绩效——基于新贸易理论的实证分析[J]. 经济评论，2012（1）.

[84]梅丹. 金融服务营销学[M]. 北京：中国金融出版社，2000.

[85]裴长洪. 先进制造业与现代服务业如何相互促进[J]. 中国外资，2010（10）.

[86]彭本红. 现代物流业与先进制造业的协同演化研究[J]. 中国软科学，2009（1）.

[87]彭本红，冯良清. 现代物流业与先进制造业的共生机理研究[J]. 商业经济与管理，2010（1）.

[88]齐克蒙德. 客户关系管理[M]. 北京：中国人民大学出版社，2005.

[89]史龙祥，马宇. 金融发展对中国制造业出口结构优化影响的实证分析[J]. 国际金融，2018（3）.

[90]孙浦阳，靳一，张亮. 金融服务多样化是否能真正改善银行业绩——基于 OECD 359 家银行的实证研究[J]. 金融研究，2011（11）.

[91]孙金秀，林晓炜. 现代流通业与先进制造业协同性研究进展[J]. 北京工商大学学报（社会科学版），2014，29（1）.

[92]孙金秀，孙敬水. 现代流通业与先进制造业协同机理研究[J]. 北京工商大学学报（社会科学版），2015，30（3）.

[93]孙国茂，陈国文. 金融业利润增长对制造业的影响[J]. 中国工业经济，2014（4）.

[94]孙林岩，李刚，江志斌等. 21 世纪的先进制造模式——服务型制造[J]. 中国机械工程，2007（19）.

[95]宋智文，凌江怀. 高技术产业金融支持实证研究——基于省际面板数据的分析［J］.经济问题，2013（3）.

[96]商黎. 先进制造业统计标准探析[J]. 统计研究，2014，31（11）.

[97]宿玉海，王韧. 基于分类 DEA 模型的企业跨国并购金融支持绩效分析[J]. 东岳论丛，2016，（7）.

[98]田慧生，曾天山，王小飞等. 完善先进制造业重点领域人才培养体系研究[J].教育研究，2016，37（1）.

[99]邵丽. 加强和改进制造业中小企业产业升级中的金融支持和服务[J]. 时代金融，2017（15）.

[100]汤霓，石伟平. 美国振兴先进制造业的职业教育发展战略述评——奥巴马政府《振兴美国先进制造业》战略计划解读[J]. 高等教育研究，2015，36（12）.

[101]唐晓华，张欣珏，李阳. 中国制造业与生产性服务业动态协调发展实证研究[J]. 经济研究，2018，53（3）.

[102]托马斯·赫尔曼，凯文·穆尔多克，约瑟夫·斯蒂格利茨. 金融约束：一个新的分析框架[M]. 北京：中国经济出版社，1998.

[103]王佩真. 货币金融理论与政策[M]. 北京：金融出版社，2005.

[104]王中印，刘静波，张献和. 促进装备制造业发展的金融支持研究——以中国工商银行沈阳分行为例[J]. 金融论坛，2013（6）.

[105]王试. 融入全球价值链对中国制造业国际分工地位的影响[J]. 统计研究，2014（5）.

[106]王璇. 新常态下金融支持制造业转型升级的可行性路径研究[J]. 商场现代化，2017（16）.

[107]王玉辉，原毅军. 服务型制造带动制造业转型升级的阶段性特征及其效应[J]. 经济学家，2016（11）.

[108]王玉玲. 中国生产性服务业与制造业的互动融合：理论分析和经验研究[D]. 上海社会科学院，2017.

[109]王得新. 构建京津冀协同发展的现代产业体系研究[J]. 天津行政学院学报，2018，20（2）.

[110]文春晖，孙良顺，胡植菘. 需求疲软、成本上升双重约束下的制造业发展战略研究——兼论中国先进制造业的发展[J]. 重庆大学学报（社会科学版），2014（2）.

[111]吴奉刚，陈国伟. 金融效率研究评述[J]. 金融发展研究，2008（10）.

[112]吴晓波，吴东，周浩军. 基于产业升级的先进制造业理论模型研究[J]. 自然辩证法研究，2011，27（5）.

[113]吴绍林，谭霖，梁常俊. 县域金融服务水平评估体系及应用研究[J]. 三

农金融，2012（7）.

[114]吴艾君，朱兴龙. 装备制造业升级发展的金融支持[J]. 中国金融，2013（3）.

[115]吴晗，段文斌. 银行业市场结构、融资依赖与中国制造业企业进入——最优金融结构理论视角下的经验分析[J]. 财贸经济，2015（5）.

[116]吴爱东，刘东阁. 创新驱动阶段金融发展与产业结构升级的互动与协调关系研究——以天津市为例[J]. 华北金融，2017（6）.

[117]汪小亚，李建强，王琰. 金融支持制造业振兴[J]. 中国金融，2012（20）.

[118]魏鹏举. 新常态下中国文化产业金融支持体系的学理探讨[J]. 中国人民大学学报，2016（4）.

[119]许爱萍. 天津落实全国先进制造研发基地建设的体系设计及实现路径[J]. 当代经济管理，2016，38（9）.

[120]夏长杰. 高新技术与现代服务业融合发展研究[M]. 北京：经济管理出版社，2008.

[121]夏春利. 飞机产业发展的法律和政策支持——以巴西经验为参考[J]. 北京航空航天大学学报（社会科学版），2010（10）.

[122]肖红叶，郑华章. IMD-WEF 国际竞争力评价比较研究——以中国为例[J]. 统计与信息论坛，2008（1）.

[123]谢家智，王文涛，江源. 制造业金融化、政府控制与技术创新[J]. 经济学动态，2014（11）.

[124]席枫，李海飞，董春美. 生产性服务业与先进制造业协调发展关系研究——基于天津市先进制造业发展的实证分析[J]. 经济理论与实践，2016（4）.

[125]修国义，许童童. 中国装备制造业发展的金融支持测度研究[J]. 工业技术经济，2016（3）.

[126]熊正德，林雪. 战略性新兴产业上市公司金融支持效率及其影响因素研究[J]. 经济管理，2010，32（11）.

[127]于波，李平华. 先进制造业的内涵分析[J]. 南京财经大学学报，2010（6）.

[128]于敏，吕晓彤. 武汉城市圈金融支持制造业发展研究[J]. 武汉金融，2016（3）.

[129]余娟娟. 全球价值链分工下中国出口技术结构的演进机理与路径[J].

产业经济研究，2014（6）.

[130]杨玲. 外商投资对上海先进制造业创新水平影响研究[J]. 上海经济研究，2014（8）.

[131]杨玲. 生产性服务进口贸易促进制造业服务化效应研究[J]. 数量经济技术经济研究，2015，32（5）.

[132]杨汝岱. 中国制造业企业全要素生产率研究[J]. 经济研究，2015，50（2）.

[133]原磊，王加胜. 传统产业改造和先进制造业发展[J]. 宏观经济研究，2011（9）.

[134]袁永科，蒋国瑞. 我国制造业产业链的特点及其优化完善[J]. 商场现代化，2006（30）.

[135]姚奇富，熊惠平. 制造业能级提升的金融服务研究：宁波制造业发展新探索[M]. 杭州：浙江大学出版社，2011（6）.

[136]朱正浩，王浩. “宁波制造”品牌建设中的金融服务支持研究[J]. 科技管理研究，2011，31（24）.

[137]张益丰，黎美玲. 先进制造业与生产性服务业双重集聚研究[J]. 广东商学院学报，2011，26（2）.

[138]张辉. 我国装备制造业转型升级的金融支持[J]. 武汉金融，2013（7）.

[139]张晨，秦路. 涉农企业自身、金融服务主体与农业“走出去”战略的关联度[J]. 改革，2014（5）.

[140]张丹宁，陈阳. 中国装备制造业发展水平及模式研究[J]. 数量经济技术经济研究，2014，31（7）.

[141]郑玉航，李正辉. 中国金融服务科技创新的有效性研究[J]. 中国软科学，2015（7）.

[142]张华容，散长剑. 金融歧视、市场分割与 FDI 配置效率——基于中国制造业面板数据的实证分析[J]. 产业经济研究，2015（4）.

[143]张晨. 金融服务支持农业“走出去”的问题、原则与路径[J]. 农村经济，2015（3）.

[144]张岭，张胜. 金融体系支持创新驱动发展机制研究[J]. 科技进步与对策，2015（9）.

[145]张炯. 影响制造业转型的因素及应对措施[J]. 科技创新与应用，2015

（29）.

[146]张恒梅. 当前中国先进制造业提升技术创新能力的路径研究——基于美国制造业创新网络计划的影响与启示[J]. 科学管理研究，2015，33（1）.

[147]张伟，高翔. 如何加强对装备制造业企业科技创新的金融支持——以沈阳为例[J]. 银行家，2017（11）.

[148]张福. 多维邻近视角下生产性服务业与制造业融合影响因素研究[D]. 四川大学硕士学位论文，2017.

[149]张林，张维康. 金融服务实体经济增长的效率及影响因素研究[J]. 宏观质量研究，2017，5（1）.

[150]张志醒，刘东升. 生产服务化与制造业转型升级[J]. 现代经济探讨，2018（1）.

[151]赵玉林，汪美辰. 产业融合、产业集聚与区域产业竞争优势提升——基于湖北省先进制造业产业数据的实证分析[J]. 科技进步与对策，2016，33（3）.

[152]赵华杰，李东霞，李海楠. 县域制造业发展的掣肘因素及金融支持[J]. 河北金融，2017（6）.

[153]钟娟，魏彦杰，沙文兵. 金融自由化是否有利于企业的知识创新——来自中国制造业的证据[J]. 南开经济研究，2012（4）.

[154]周国富，胡慧敏. 金融效率评价指标体系研究[J]. 金融理论与实践，2007（8）.

[155]周广义. 优化金融环境 切实提高金融服务能力——论服务是银行发展之本[J]. 经济研究，2010（6）.

[156]周金祥，戴立勋，张灿. 桐庐电力装备制造业转型升级的金融支持研究[J]. 浙江金融，2011（11）.

[157]周升起，兰珍先，付华. 中国制造业在全球价值链国际分工地位再考察——基于 Koopman 等的“GVC 地位指数”[J]. 国际贸易问题，2014（2）.

[158]周伟军. 浙江宁波：财税金融政策支持汽车制造业发展[J]. 中国财政，2017（22）.

[159]中国工商银行北京市分行课题组. 深化总行国际化战略，增强“走出去”业务核心竞争力——提升支持中国企业“走出去”金融服务能力的问题研究[J]. 北京金融评论，2015（2）.

[160]Acemoglu D, Zilibotti F. Was Prometheus Unbound by Chance, Risk,

Diversification, and Growth?[J]. Journal of Political Economy, 1997(105):709-775.

[161]Akamatsu K. A historical pattern of economic growth in developing countries[J].The developing Economies, 1962, Ⅰ(sⅠ): 3-25.

[162]Akamatsu K. A theory of unbalanced growth in the world economy [J].Weltwirtschaftliches Archiv, 1961:196-217.

[163]A V Kapitanov. Special characteristics of the multi-product manufacturing [J]. Procedia Engineering, 2016, 150:68-71.

[164]B Beckmann, A Giani, J Carbone, P Koudal, J Salvo, J Barkley. Developing the digital manufacturing commons: A national initiative for US manufacturing innovation[J]. Procedia Manufacturing, 2016, 5:51-56.

[165]Behzad Esmaeilian, Sara Behdad, Ben Wang. The evolution and future of manufacturing: A REVIEW[J]. Journal of Manufacturing Systems, 2016:45-49.

[166]Bencivenga V, Smith B Financial intermediaries and endogenous growth[J]. Review of Economic Studies, 1991, 58(2):195-209.

[167]Binh K B, Park S Y, Shin B S. Financial structure does matter for industrial growth: direct evidence from OECD countries[J]. Available at SSRN 891044, 2006:71-76.

[168]Buera, F. Finance and development: A tale of two sectors[J].American Economic Review, 2011(10):1964-2002.

[169] Chalmers Johnson. Miti and the Japanese miracle: The growth of the Industrial Policy, 1925-1975 [M].California: Stanford University Press, 1982.

[170]Cagliano R, Caniato F, Spina G. The linkage between supply chain integration and manufacturing improvement programmes[J]. International Journal of Operations & Production Management, 2006, 26(3):282-299.

[171]Etiennot H, Preve L, Sarria-Allende V. Working Capital Management: An Exploratory Study [J].Journal of Applied Finance.2012(1):161-174.

[172]Feenstra R, Li Z, Yu M. 2011: Exports and credit constraints under incomplete information: Theory and evidence from China[C]//NBER Working Papers 16940, National Bureau of Economic Research, Inc.

[173]Greenwood J, Sanchez J M, Wang C. Quantifying the impact of financial development on economic development[J].Review of Economic Dynamics, 2013,

16(1):194-215.

[174]Hsu P H, Tian X, Xu Y. Financial development and innovation :Cross-country evidence[J]. Journal of Political Economy, 2014, 112(1):116-135.

[175]Kojima K.The “flying geese”, model of Asian economic development: origin, theoretical extensions, and regional policy implicatons[J].Journal of Asian Economics, 2000, 11(4):375-401.

[176]Merton, Robert C, Bodie Zvi. Design of financial system: Towards a synthesis of function and structure[J] .Journal of Investment Management, 2005, 3(1) : 1-23.

[177]Maskus K E, Neumann R, Seidel T.How national and international financial development affect industrial R&D[J].European Economic Review, 2012, 56(1):72-83.

[178]Okita S.Special presentation:prospect of pacific economies [C].the Fourth Pacific Economic Cooperation Conference, 1985-4, 29:18-29.

[179]Pagano M.Financial markets and growth[J].European Economic Review, 1993(37):613-622.

[180]Phlip K. Robins, Charles Michalopoulos, Kelly Foley.Are two carrots better than one? The effects of adding employment services to financial incentive programs for welfare recipients[J].Industrial Labor Relations Review, 2008(61):410-423.

[181]Porter.The competitive advantage of nations[M].London:Macmillan, 1990.

[182]Raymond Vernon. International investment and invenstment trade in the product cycle[J].Quarterly Journal of Economics, 1973, 20:4-66.

[183]Saint-Paul G. Technological choice, financial markets and economic development[J].European Economic Review, 1992(36):763-781.

[184]Seyed Mohammad Alavinasab, Eamail Davoudi. Studying the relationship between working capital management and profitability of listed companies in Tehran stock exchange [M].Business Management Dynamics, 2013(12):01-08.

[185]Strategy Suresh Kotha. Manufacturing structure, and advanced manufacturing technologies a pro-posed framework[J].Academy of Management Best Paper Proceedings, 1991:293-297.

[186]Thorsten Beck. Financial development and international trade:Is there a

link?[J].Journal of International's Economics, 2002, 57(6):1165-1197.

[187]Ying Chi, Jianming Zhang. The experience and enlightenment of American high-end equipment manufacturing industry to China[J]. American Journal of Industrial and Business Management, 2013, 3(8):23-27.

[188]Yu Qing Chen, Wen Ping Wang. Research on key service factors' identification of producer service value network of China's high-end manufacturing based on grey relational analysis[J]. Advanced Materials Research, 2014, 3160(933):43-48.